目次

はじめに

われわれは久しく、経験科学の場で「時間」と称される対象を受け入れるのを当然視してきた。しかし、時間に関連するものには、他に、過去・現在・未来を識別する「時制」もあれば、経験を可能とする現場に固有な「今」もある。この「時制」と「今」のいずれをも経験科学の守備範囲のうちに含めるなら、これまで守られてきた禁制を破ることになるのか？　あるいは、無用の混乱を新たに引き起こす事態になるのか？

この問いかけが、本書の出発点である。

「時制」の出現

ガリレオ・ガリレイ（一五六四―一六四二年）が物体の落下運動に関わる法則を見出したとき、落下の経過時間の測定に用いたのは、水時計であった。物的証拠をともなった水時計の歴史は、少なくとも紀元前一六世紀のエジプトまで遡る。時間を測定すると称して直接に測定した相手は、大きな水桶の底に開けた小さな穴から流れ出た水の積算量である。流れ出た水の積算量という状態量の増分を時間の経過に関連づける、という約束がその背後にはある。この約束によって、状態の変化が時間の経過に関連づけられる。物理で採用されてきた時間とは、異なる二つの運動体の間の相関を示す、一つの定量指標である。それを定量指標として宣言したのが、ガリレイであり、物理学者であった。われわれが形而上学に取り込まれまい、と意を決するかぎり、絶対にあらざる相関に着眼するのは避けがたい。

もちろん、この流儀が経験科学において妥当であることは、すでに実証済みである。しかし、この流儀に忠実であろうとすると、物理学者が不在の状況では時間の指定ができないことになる。この極論を避けるには、今一度、経験科学における時間の役割を再考することが求められるだろう。

その再考のきっかけとしては、やはり物理学者がこれまで蓄積してきた膨大な経験が参考になる。時間が時計と称される運動体の指標だとすると、それを指標とみなす作用体・観測体が前提とされ、その時間経験を可能とする観測体は物理学者のみにかぎられていないのではないか、と考えられる。運動相関を参照することができる観測体は、何であれ、時間経験を可能にする。経験世界に観測体が充満しているとすると、それぞれの観測体に固有な時間への指標が可能になり始める。

例えば、古生物学者がある地層に見出された化石の年代を判定するとき、その前提は全地球史における地層形成の履歴を参照することである。しかも、その履歴の判定に際しては、当の化石生物が化石になる直前に棲息していた地層を参照する。化石の年代判定は、確かにすでに先史となった過去に関わる言明でありながら、その保証はあくまでも現在化された過去としての地層を参照してのことである。決して思弁や憶測のみに基づいた先史に関わる言明に則ってのことではない。

地層の形成そのものは生物活動を前提としていない。地層がわれわれに示すのは、大きな地質学的事件を受けながら継起する岩石、土砂の一様な堆積である。この一様な堆積から、時制の変化をともなわない、現在化された時間の経過が読み取られる。それに対して、化石生物は、生命の起源以来、それまで延々と継起させてきた履歴の蓄積をそれぞれの今において凍結させ、その姿をわれわれに提供する。生物に固有な持続する今は、哲学者によって考案された、短時間の持続をともなう「見せかけの現在」とは似て非なるものとなる。生物にとっての持続する今は、その起源から途切れることなく継起してきた履歴の上に成り立つ今でしかない。いつ、いかなる場合であれ、生物がその起源とのつながりを見失うことはない。もし見失ったなら、糸の切れた凧と同然である。

ここでは、時間への指標が二重の仕方で現れている。一つは、化石を読み取る古生物学者にとっての進化過程の前後関係を明かす現在化された無時制の時間であり、もう一つは、化石生物が化石になる直前に占めていた生活経験を参照する、それまでの履歴を含んだ「今」である。生物にとって「今」が特異なのは、生活経験をもたらし、かつその変遷を可能にする現場が、更改され続ける「今」に限定されていることによる。古生物学者は、現在化された過去、すなわち化石から、当の生物が化石に凍結されたかつての今現在を、この今現在において参照する。このとき、進化過程の前後関係を明かす古生物学者にとっての時間を、それぞれ化石になる直前の生物の生活を担う「今」から積算・抽象された時間とみなすなら、この抽象された古生物学者にとっての時間から、逆に化石生物が凍結される直前までに経験してきた持続する「今」の継起を、間接的に参照することが可能になる。

古生物学にとっての時間は、化石という完了形に凍結された事態を保存・維持する無時制の時間と、化石生物に進化変遷をもたらす完了形の更改という時制の更改との統合から成り立つ。古生物学者は、物理学者とは異なり、完了形の更改から時間を抽象するという方策を新たに手に入れる。

このように、同じ経験科学の枠内でありながら、古生物学が擁する時間は、物理学におけるそれと比べて時間経験の扱い方が大きく異なり、かつ拡大されていることが分かる。物理学で、試みられる理論は、過去・現在・未来の識別を容認しない。そこで容認されるのは無時制の時間にかぎられる。物体の占める時空間をひとたび四次元の時空座標を用いて表示すると決めれば、関心を寄せる対象のすべてが、その決意と同時の今現在において四次元座標内に、そこに在るものとして滞りなく配置される。その表示の採択を決めた物理学者は、四次元座標が表す全貌をその外部から把握するため、その時間座標の表示する内容もすべて把握済みである。そのため、そこに配される時間は図らずとも無時制になる。その四次元座標のうちには、すでに過ぎ去って今はない過去、今はなく、いまだ来ていない未来のいずれも配置することができない。もっとも、物理学は、三人称現在形という時制を容認した記述を用いて時制を批判する、という緊張関係をあえて受け入れる。それに対して、古生物学は、物理学がなじみとする無時制の時間に基づく前後関係の判定に加え、今現在とかつての今現在を識別する時制にも等しく関心を向ける。

時制の出現は、今現在を経験することのできる一人称行為体が記述対象のうちに現れるのと軌を一にしている。当然のことながら、無時制の時間を標榜する物理学にあっては、識別される時制がはじめから欠けているため、能動的な経験を含む行為とは無縁になる。翻って、行為体は、進行形と完了形という動詞の語形変化をともなった異なる時制を生成しながら、その異なる二つを接合・統合する。動詞の語形変化を司る主語を支えるのが行為体であるため、時制の出現は行為体の出現と一体化することになる。

「今」に到達するには？

時間の前後関係ばかりでなく、時制、特に動詞の語形変化にも留意するとき、今現在の特異性に関心を向けるのは物理学に対比される古生物学だけにかぎられてはいない。そのきわめて卑近な例は、スポーツ競技の実況中継にも見ることができる。

サッカーのテレビ中継では、通常、実況を伝えるアナウンサーと解説者が対になって登場する。アナウンサーが「攻撃側の左のサイドバックが猛然と駆け上がり、右からのロングパスを受け取りました」と告げるとき、それを観ているわれわれは、守りが主たる役割であるサイドバックが見事にゴールを決めるのか、それとも相手側がボールの横取りに成功し、手薄になった陣営に急遽カウンター攻撃を仕掛けるのかが気になりだす。続いて、アナウンサーが「ロングパスを受けたサイドバックは体勢を立て直してシュートを打つも、ゴールポストにあたって跳ね返され、相手側がボールを奪いました」と告げ、それに合わせて解説者が「サイドバックの駆け上がりは素晴らしかったのですが、いかんせん少し遅すぎました」という評を下すとき、われわれはそこで継起する「今」の持続と時間の前後関係の両方を経験している。

アナウンサーは継起する「今」の持続がいかなるものであるかに専念しながら、そして解説者は記録を参照しながら、継起する事柄の時間軸上での前後関係を明らかにする。アナウンサーは、継起する今が常に先行する今から生成されることに留意する。それに対して、解説者は継起する今を対象化することによって、やむをえず、それから生成機能を奪い去るという作為を課してしまう。確かに、歴史はその跡として対象化される記録を残すが、歴史を動かすのは記録ではない。

時間経験がただ単に時間における前後関係の判定だけでなく、持続する「今」をも関心の対象に含むものと考えるなら、古生物学者にとっての化石生物、サッカーの実況中継におけるサッカー選手がそうであるように、持続する今を担うのは一人称行為体となる。「今」が「持続する今」であるのは、「今」を経験する行為体が「今」の絶えざる更新を被験しながら持続していることによる。持続する今は、三人称現在形という記述の枠内で捉えられる現在とは異なる。三人称に位置づけられた対象を現在形で記述する際に登場する現在は、昔も今も、さらに未来のいずれにあっても変わらない現実を表すと宣言されており、そこで想定されている時間は無時制である。

一方、持続する今は、あくまでも履歴をともなってたどりつくことになる「今」に限定される。記録はひとたびそれが登録されたなら、いつの現在でも変わらない無時制の対象として参照されながら、行為が可能になるのは「今」にかぎられる。行為がともなう決定に決定前・後という切断をもたらすのが、この「今」である。行為は現在形に固執する記述の対象であることを逸脱する。同様に、「今」も現在形で記述可能な対象であることを超えていく。それにもかかわらず、行為体をあえて記述対象に含めるなら、前後関係を判定する時間に加えて、経験を可能にする現場での「今」を参照することも不可欠になる。

この「今」への参照は、これまでの物理学の枠内では、特殊・一般相対論で触れられてきた「今」の属性を除いて、明示的に取り上げられることはなかった。もっとも、相対論が扱うことのできる「今」は、その「今」を確認することのできる信号伝達の速度が不変の光速に限定される、という制約を是認した上での、時空間に関わる四次元座標の上に表現される同時性としての「今」である。しかも、その「今」を確認する観測体である物理学者を暗黙のうちに前提とする。

ところが、経験そのものにあっては事情が異なる。経験する前に何を経験するのかを確定することができないという経験を四次元座標の枠内で表示することはできない。表示できたとすれば、それはもはや経験ではない。経験にとって、四次元座標は必然ではない。経験が可能になるのは、あくまでも持続する「今」においてのみである。経験することと経験されることは裏腹の関係にある。この表裏一体となった経験行為体にあっては、互いに相手を検知し合う信号の伝達速度が、光速よりはるかに小さくなろうとも、いっこうにかまわない。経験する以前に何が経験されるのかを確定する方途はないし、ひとたび経験した事柄をなかったことにするのも、できない相談である。

われわれが経験を直視するかぎり、「今」への参照は避けられない。しかし、哲学にあらざる経験科学にとっての「今」は、あたかも腫れ物のごとき厄介ものであるかに見える。経験科学に経験の成り立ちを問うことは、身の丈を超えることになりかねない。無時制の時間における前後関係を尊重する物理学にあっては、持続する今を特別視する方法はないように見える。

だが、幸いなことに、われわれの言語には動詞の語形変化を時間に結びつける「時制」というものがすでに備えつけられている。その時制を活用することで、時間に関連づけられる持続する「今」に到達し、それを手中にすることができないか――この試みが本書にとっての具体的な課題となる。

「内部観測」とは何か

そこに登場する一貫したテーマの一つが「内部観測」である。

内部観測については、今から四五年ほど前に試みたことを参照して、かつて次のように述べた経緯がある。「経験は間断のない観測から成り立つ。その観測は経験世界の内部のみから生じて来る。経験世界内に現われる個物は何であれ、他の個物と関係を持つとき、相手から受ける影響を特定できる限りにおいて、その相手を同定する。しかも相手を同定する、とする観測はこの経験世界の内で絶えることがない。何が何を観測しようとも、その観測は後続する、果てしのない観測を内蔵する。これを内部観測と言う」(松野孝一郎『内部観測とは何か』青土社、二〇〇〇年、八頁)。

この申し開きは、「内部観測とは何か」という問いに対する一つの型破りな応答として位置づけられる。それは何か、と問われたとき、求められるのは誰もが受け入れることのできる少数の基本述語を用いた上での、その主題の分析である。加えて、その分析は、展開の仕方に長短の違いがあっても、いずれは完結することが前もって織り込み済みになっている。ところが、その流儀が内部観測には通用しない。経験世界のうちに現れる行為体は、生物個体やサッカー選手がそうであるように、いずれも延々と継起する観測と決定という連鎖運動に組み込まれている。観測によって決定が更改され、それが引き続き新たな観測を喚起する、という連鎖が際限なく継起する。行為体の運動そのものが内部観測の現れとなる。しかも、その運動は、われわれがすでになじみとしている物理学のうちで展開されてきた運動理論における運動とは異なる。

物理学における運動法則は、運動履歴によってその内容を変えない。しかしながら、この無時制の法則性は行為体の示す運動には適用されない。行為体の運動の基本は、みずから経験し、観測するそれ自身の運動履歴に応じて、絶えず更改される行為の決定にある。その決定更改をもたらす要因の最大公約数が、行為体が示す持続のうちに見出される。ピッチに立ち続けることのできるサッカー選手は、それまでにピッチ上で展開されてきたボールの奪い合いや蹴り合いの履歴を適切に参照しながら、多数の味方と連携しつつ、頻繁な意思決定の更改を上首尾に行ってきていたはずである。それが上首尾になされていないとコーチに判断されるなら、交代を命ぜられてしまうだろう。

しかし、この内部観測それ自体は、二正面からの厳しい攻撃にさらされることになる。その一つは、西洋の伝統である懐疑主義とそれに由来する、向かうところ敵なしの威勢を誇るかに見える主観、独我論からの批判である。そして、今一つは、経験科学を可能にする恒存する実在、客観からの批判である。

主観の正当性を弁明した典型は、ルネ・デカルト（一五九六―一六五〇年）に認められる。ところが、内部観測体はデカルトの主観とは異なる。デカルトの主観の核心は、主観と称する一人称を三人称現在形を用いて肯定するところにある。「あらゆることに疑いの目を向けることのできる私に同じ疑いの目を向けることはできない」という弁明によって、一人称を担う「私」を三人称で参照し、その根拠を三人称現在形で草される命題に求める。ここで根拠づけられているのは、三人称に基づく記述が保証される、という前提のもとでの一人称主観である。そこには、三人称が一人称を支える、という屈折した反転が認められる。客観視される対象の三人称記述を認め容れるなら、そこに表出された客観を超越する、記述者としての一人称主観が必然になる。同じ三人称に配されながら、主観は客観を超越する。

デカルトの主観は、あくまでも三人称記述を行使できるという前提に立った上での一人称主観である。何事につけ、それについてもの申すことを慣らいとするわれわれにとって、デカルトの主観と袂《たもと》を分かつのは容易なことではない。もっとも、デカルトの主観には、それを僭称しさえすれば、三人称記述で体裁を整えた勝手な意見にも客観性を強要できる、という負の側面が秘されている。もちろん、その責めを負うのはデカルト自身ではなく、それを僭称した側である。

一方、内部観測体はあくまでも一人称に基づいた主体であって、その成り立ちにおいて、デカルトの主観の場合とは異なり、三人称化は持ち込まれていない。抽象と称する人為的な操作を呼び込まないかぎり、一人称行為体としての内部観測体が三人称でいかに参照されるかは不問のままである。

内部観測体は、デカルトの主観に擬せられる超越的な外部観測者とは異なり、その守護を求める先をあくまでもそれ自身にのみ限定する。それに応えるのが、みずからに備わっているとされる観測能である。内部観測体は、その持ち前の観測能の行使によって、みずからの存続を可能にする条件の同定行為とそれ自身の存続を一体化させることで、みずからを持続的に支えることを可能にする道を拓くに至る。かつてこの地球上で迎えることになった生命の起源は、一人称行為体の出現の顕著な事例として位置づけられる。

内部観測と一人称行為体

一人称行為体の出現そのものは、それを対象化できるとする三人称記述を前提としていない。その出現は、経験のみに由来する。三人称の記述で生命の起源に到達しようとする試みは、見かけ上はまともな問いかけでありながら、三人称の記述を行使する生物個体としてのわれわれを前提としているため、その前提のうちに起源が先取りされてしまうことになる。三人称記述にあっては、その対象を恒存するものと化してしまうため、起源への問いかけそのものが消失してしまう。起源は事前と事後を峻別する歴史的な事件であるため、それを三人称現在形の定立で参照することはできないからである。

観測という行為が特異なのは、それが互いに異質な事前と事後の間をまたぎ、かつその二つを今において連結できることによる。持続する一人称行為体に備えつけられているとされる観測能の確証は、三人称記述に基づく分析命題による証明によってではなく、あくまでも経験によって獲得されるはずの対象として位置づけられているにすぎない。

ここに至って内部観測は、三人称を介することなく一人称の内部観測体・行為体が可能になることをいかに明かすのか、という新たな批判にさらされる。その舞台は、三人称で参照せざるをえない観念から、経験へと移る。地球上のバイオマスの大部分を占める原核生物であるバクテリアは、まぎれもなく一人称行為体であり、われわれによるその三人称記述にいっさい頓着することなく、これまで存続・繁栄してきた。経験は、三人称を介することなく自立できる一人称行為体の事例を提供する。にもかかわらず、その現象を経験事実として注目するかぎり、それを対象化する三人称の記述がわれわれには避けられない。求められているのは、行為体の証を対象のうちにとどめておく三人称現在形での記述である。ここにおいて、記述される対象世界のうちから観測能と意識をともなった行為体をいっさい排除する独我論、すなわち客観と超越主観を峻別するデカルトに帰せられる切断と訣別することが避けられなくなる。

内部観測が特異なのは、それが一人称と三人称の間を仲立ちするところにおいてである。そのため、内部観測は三人称で参照される表象やシンボルではなく、あくまでも一方で一人称に、他方で三人称に接する指標であるにとどまる。その仲立ちを実践する行為体が、内部観測体である。物体としての内部観測体は、抽象を介して三人称で参照される対象と化すことを可能にしながら、内部観測を実践することにおいては、あくまでも一人称行為体でしかない。これは、すでに無効になってしまった物活論の蘇生を意図しているのではない。三人称で参照されるかぎりでの、抽象を受けてしまった内部観測体は、まぎれもなく物体として対象化された、ある構造をともなう。その三人称に位置づけられる構造の成り立ちが、外部観測者のなじみとする表象や記述のカテゴリーとしてではなく、一人称に基づく行為に由来する、というねじれを避けがたくする。

これまで経験科学の雄としての物理学が当然視してきたのは、観念の世界を支配してきた懐疑主義に含まれる肯定性との奇妙な符合であった。物理学者にとっての対象世界は、懐疑主義者の場合と同じく、意識をともなわない恒存する対象から成り立つ。懐疑主義者は恒存対象の確認を自分一人にとっての観念世界のうちで行うが、物理学者は恒存対象の確認を経験世界のうちで可能となる経験を介して行う。この違いにもかかわらず、両者はそれぞれの世界において恒存する対象が可能であることを前もって是認する点で共通している。そして、ここにおいて内部観測との違いが鮮明となる。

内部観測は、関心を寄せる対象が恒存することを事前に要請まではしていない。このことによって二正面からの攻撃をかわそうとする。要請するのは、あくまでも事後において判明する持続にとどめおかれる。内部観測を根底で支えるのが、この持続である。内部観測のありようは、事後に判明する事態にのみ限定する、という抽象を受け入れることによって三人称化される。それによって、抽象化された内部観測は、そこで許容される三人称記述を介して観念世界に接続される。加えて、それは事後に経験的に確認される持続を介して、事前に恒存することまでは要請されていなかった物質世界に持続する具体性を付与することを可能にする。

その具体性を付与された典型例は、持続する今の更改から派生してくる時間に見出される。内部観測が関わり合うのは、時間からの持続ではなく、それをひっくり返した、持続からの時間である。内部観測は一人称行為体に固有な持続する今の更改の上に立つ。その持続する今の更改を三人称で参照するという抽象を課すことによって初めて、そこから時間が現れてくるという見通しが立つ。時制が、持続する今と時間の間を仲介することになる。

経験は、経験科学者に恒存を確認する手段を提供するだけにとどまらない。経験は、恒存に堕することのない持続によって支えられる内部観測をもたらす。——この一文が示しているのが、これまでの四五年を踏まえたこの今から、これから先に向けて見通される内部観測の現況にほかならない。

問題提起

経験科学に関心を寄せるときには、それが何であれ、経験の対象の特定と特定された対象の解読が当然視される。しかし、その背後には、一筋縄ではいかない難題が控えている。

経験の対象の特定とは、その特定者による対象の記述である。他方、特定された対象の解読とは、何事かをより基本的と捉え、その前提を受け入れる理論家が可能とする、新たな基本述語を採択した上での、当の対象の再記述である。ここでは、記述が二重の仕方で関与している。慣例に従うなら、対象を特定する記述は実際の経験に関わる行為に沿って行われ、他方、その特定された対象の解読は、解読に専念する記述者の側で構想される理論に沿って行われる。ここで、アルベルト・アインシュタイン（一八七九―一九五五年）による警句「理論にあっては、理論と実際は同じである。ところが、実際にあっては理論と実際は別物である」が思い起こされる。

この警句の意義は、実際に関わる経験科学者と記述に専念する理論家との乖離において鮮明になる。経験科学者は十全な理論に通じていなくても、みずからの意思で経験の対象を特定する枠組みを設定することができる。翻って、理論家は整合のとれた記述の枠組みを提供することを可能としながら、その枠組みを実際家である経験科学者に踏襲させる強制的な手段を持ち合わせていない。実験は理論を必要とする、という具体性を欠いた包括的な忠告を理論家から受けたとしても、それをありがたく思うか否かは、それを受け取る実際家次第である。

経験科学に求められているのは、実際家と理論家の間で可能となる自発的な合意である。しかも、実際家と理論家の間には著しい不斉が認められる。経験対象を特定するための経験手段の選択と行使は、一方的に実際家に委ねられる。そのため、経験科学は、経験対象の特定とその対象を解読する理論枠組みの選択決定の双方を、理論家ではなく、実際家である経験科学者に委ねる。理論家に問題を提供するのは実際家である。ここにおいて、実際家と理論家の間に葛藤が生じることになる。

経験科学者が確立するのは、関心を寄せた特定の経験対象がいかなるものであるかを書き表した観察命題である。これはあくまでも述語判断であって、見かけ上、一つの定立である。同じく、理論家による定立としての理論命題も一つの述語判断である。ここでの懸案事項は、観察命題に整合する理論命題の樹立は、経験科学の名において、はたして可能な営みなのか、ということである。しかも、この整合の是非の検証は、きわめて厳格な制約のもとで遂行される。与えられた観察命題に整合する理論命題の探索過程にあっては、当の理論命題からの、懸案中の観察命題への干渉は、いっさい禁止される。ある特定の理論命題にあらかじめ肯定的な関心を寄せることがあったとしても、それに携わる経験科学者には、観察命題を樹立する過程において、その理論命題への肯定的な期待を当の過程に混入させることは許されない。

肯定されるべき経験科学の根幹を支える基本は、理論命題に由来する抽象・干渉を受けることのない現象と観察命題の確保・保全のうちに見出される。社会科学者が世論調査に訴えて政権を担う内閣の支持率を調査するとき、調査対象となる個々人を誘導することは許されない。ここにおいて、経験の結果を参照する外部観測に対比される内部観測、言い換えるなら、行為をともなう観測、経験事象そのものの生成を担う観測、経験の内部から生じてくる観測の意義があらわになる。世論調査を成り立たせる根幹は、調査対象となる個々人における経験に基づく判断に帰着する。経験が内部観測であるのは、経験を確定・決定し、それをそれとして同定する観測が経験の内部に由来することによる。この状況下にあって、対象となる経験事象の外部からなされる観察・観測の操作を引き受けるのが、外部観測者としての理論家である。世論調査の結果を所与のデータとして引き受ける社会科学者は、それを理論考察の対象とみなすことができる。

確かに、外部観測者は積極的に経験対象に干渉することをしない。そうでありながら、外部観測に由来する、経験対象への非自発的な干渉を皆無にすることもできない。以前の世論調査に参加し、その結果を分析した社会科学者の意見を知った個人が再び同様の世論調査に参加するとき、以前の世論調査の結果からの影響をいっさい受けずに判断を下すことができるとは断定できない。外部観測はその対象を切り取ることを可能にするが、経験そのものはそのような切り取りとは無縁である。自発的に進行する経験事象を外部観測によって過不足なく捕捉できる保証はどこにもない。だが、外部観測を等閑視するなら、それは経験科学にとって自殺行為になってしまう。ここで求められているのは、経験を直に生成する内部観測から、その結果を参照する外部観測に至る道筋である。

来たるべき内部観測へ

理論家は、良きにつけ悪しきにつけ、みずから信奉する理論命題から干渉を受けることのない観察命題を、経験科学者から受け取ることができる。これが理論家にとっての信頼すべき外部観測である。内部観測を外部観測に橋渡しする経験科学者の特異さは、前もって名づけることができない対象を経験の現場で「これ」や「それ」という指示代名詞で指示できる、と考えるところにある。指示代名詞の多用を自粛し、名づけられた対象や概念のみの操作に専念する理論家には及びえなかった内部観測を、経験科学者は手中に入れる。そのため、経験科学者は内部観測の現場を指示代名詞で指し示しながら、その指示対象の持続が判明するなら、爾後にそれに名前をつけて参照することを可能にする。名づけられた対象は、それ以後、それ自体で自立することができるようになって、外部化される。その外部化された対象は、外部観測の対象になることができる。内部観測に由来する観察命題が持続するときにかぎって、その観察命題は外部観測の対象ともなる。理論家あるいは外部観測者がなじみとする概念には栄枯盛衰が避けられないとすれば、内部観測が提供する持続に恒存をあてにする概念の代替を求めても、形而上学にあらざる経験科学にとって失うものはない。

理論家はみずから観察命題を産出しない。理論家がしばしば行う思考実験は、実験の名においてあたかも経験の代替になるかのごとき印象を与えながら、それを理論に対置されるべき実際に置き換えることはできない。思考実験は、あらかじめ思考された枠内でのみ実現可能となる実際、すなわち理論に従属するかぎりでの実際でしかない。信頼すべき観察命題を決定するのはあくまでも経験現象そのものであって、その傍らでそれを証言するのが経験科学者である。経験科学者が経験の生成現場で進行する観測に直に立ち会うことによって命題化された経験が、観察命題である。経験科学者が捕捉するのは、経験する以前に何を経験するのかを特定できない、という否定性をともなう内部観測のうちにあっても、暫時、持続可能となる肯定性である。それが経験を成り立たせる内部観測に由来する観察命題となる。否定・批判は常に容易でありながら、容易ならざるのは、否定・批判を可能とする立場を肯定することのほうである。

ここに至って、観察命題にとっての限界が明らかになる。定立としての観察命題の肯定性を支えるのは、内部観測由来の持続である。それに対して、理論命題を支えるのは、時制・時間をいっさい含まない定立である。理論命題にその真理値・決定性を与えるのは、観察命題とは異なり、理論家自身である。論理学における公理・定理が理論命題として正当であるかぎり、時間を超越する仕方での定立であること、そして、いついかなるときでも成立することが要請される。その要請を内部観測に由来する観察命題に適用することはできない。観察命題は定立の体を装っていながら、その実、正当な定立になりえていない。それが観察命題にとっての限界である。

観察命題は、すでに完了した対象を参照する。それに対して、経験そのものは絶えず進行しつつあって、完了とは無縁である。そのため、内部観測を完了形に凍結し、それを現在形で参照するのは、やむをえない一つの歪曲である。その誹《そし》りを甘受しつつ、経験科学者が打って出るための何か新たな策はないのだろうか。

本書が意図するのは、その問いに対する一つの試みであり、時制と不可分の関係にある内部観測の新たな評価である。

第I章

アーサー・プライアーの謎

完了形に凍結された事態を現在形で参照することによって生じる不都合を指摘した先駆者に、論理学者のアーサー・プライアー（一九一四―六九年）がいる。

ウィラード・クワイン（一九〇八―二〇〇〇年）が一九五三年一月に『Mind』誌上で「一九四三年以降、人々に知られるようになった一つのパラドクス、二律背反」を論じた論文（Quine 1953）を公表したのを受けて、プライアーはそれをさらに独自の仕方で発展させた。結果を直ちに公表することはしなかったが、草稿は私信の形でやがてクワインの知るところとなった。われわれが、それがプライアーによるものだったことを知るに至ったのは、一九五三年一二月にクワインからプライアー宛に送られた「ベネット氏から、あなたの独創的なパラドクスのことをうかがいました」で始まる私信が公開されてからである。プライアー自身による論文は、彼の後継者の編集を経て、『Synthese』誌で二〇一二年に初めて公表された（Prior 2012）。

クワインとプライアーによるパラドクスを、原型のままではなく、より穏当な形に翻訳し直すと、次のようになる。

ある週の金曜日の午後、教師が教室にいる生徒に向かって、「来週の月曜日か火曜日のいずれかの一時限目に試験を行う。ただし、いつ試験を行うかは試験当日まで知らされない」と宣言した。すると、ある生徒から次の反論がなされた。「試験日は火曜日ではありえない。もし火曜日なら、前日の月曜日は試験日ではありえず、月曜日のうちに試験日が火曜日であることが分かってしまう。しかし、それは試験当日まで試験日は知らされない、という前提に違反する。よって、試験日は月曜日となるが、それを推論するのは前の週の金曜日、つまり今日であって、同じく、試験当日まで試験日は知らされない、という前提に違反する。以上より、来週の月曜日と火曜日のいずれにも試験は実施されない」。この一見したところ真っ当に見える反論にもかかわらず、翌週になると、月曜日に試験が実施された。

どこに不都合があったのか？

この謎に対して、これまで多くの論理学者、哲学者、数学者が関心を寄せながら、いまだ関係者のすべてが合意する決着には至っていない。教師の宣言、生徒の反論のどこに落ち度があるのかをめぐって意見が分かれているからである。ここで、いくつかの典型的な対応策を見てみることにしよう。

1　論理に訴える

いかなるパラドクスであれ、それに直面したとき、数学に通じた論理学者は公理系に基づいてその言明が証明されるか否かに関心を向ける。その観点から眺めるなら、教師による言明「月曜日か火曜日のいずれかに試験を行う。ただし、試験日はその当日まで知らされない」をそのまま、生徒の反論を成り立たせるための公理として採用することはできない。どのようにして「当日まで知らされない」ことを保証しているのかが曖昧であり、不明だからである。その曖昧さを回避する方法の一つの候補は、「月曜日か火曜日のいずれかに試験を行う。かつ、試験日は、両日のいずれかに試験を行う、という仮定から導くことはできない」と公理を読み替えることであるように見える。

この読み替えによって、生徒は確かに「試験日は火曜日ではない」を導くことができる。しかし、「試験日は月曜日でもない」を導くために、生徒は依然として旧来の、見かけ上の公理「両日のいずれかに試験を行う、という仮定から導くことはできない」には準拠していない。このままでは生徒の反論は頓挫する。教師の宣告を、より明確なものにすることによって、謎そのものがすり替えられ、もはや謎でなくなってしまうからである。

謎をすり替えることなく教師の宣告の公理化を試みる方法のもう一つの候補は、「月曜日か火曜日のいずれかに試験を行う。かつ、この宣言を公理として採用し、そこから試験日を事前に予測することはできない」という自己参照化への誘惑である。自己参照がパラドクスをもたらすのを見ることは、「嘘つきのパラドクス」がそうであるように、容易である。そのため、数学では通常、自己参照を含む公理系は歓迎されない。しかし、なぜ歓迎されないのかを具体的に見ることは、クルト・ゲーデル（一九〇六―七八年）がすでに試みたように、有益である。その流儀に従って、この自己参照宣言を否定、連言、選言、含意などの少数の原始再帰関数、すなわちさらなる説明を要さない少数の述語のみを含む一階述語論理で表現される命題に翻訳し直し、さらに命題のゲーデル数化を採用してみると、矛盾が生じることが判明した（Chow 1998）。命題のゲーデル数化とは、命題に自然数を割り当てて識別することであり、命題が証明可能であるとは、それに割り当てられた自然数が与えられた述語を繰り返し使用することによって計算可能になることを指す。このとき、自己参照命題の肯定と否定の両方が同時に成立することになった。教師と生徒による相反する言い分が、いずれも成り立つことになってしまった。これは、自己参照を含む公理系が矛盾をもたらすことを示した、典型的な事例である。

しかし、これで教師による宣言、自己参照宣言は破綻してしまった、と断定することはできない。より深刻な謎は、事後においても時制を考慮しない自己参照宣言が無傷のままとどまっている点にある。この自己参照宣言には事前と事後の区別がない。自分で顔を剃らない人の顔を剃るのは床屋であるとしたとき、自己参照にあっては、自己と、自己をすでに参照した自己との間に区別を認めない。自己参照にあっては、床屋の顔を剃るのは床屋である、という言い分は矛盾する。顔を剃る床屋と剃られた床屋が区別されていないからである。この区別がないため、仮に自己参照宣言に不都合が見出されても、その修復を想定することはできない。論理に徹するかぎり、そこで受け入れられる命題は時制から独立する。

自分が自分を定義する、という自己の対象化は、それ自体としてすでに行為である。時制の変化をともなう行為そのものは、無時制の論理からは排除されてしまう。一方、自己を対象化することが経験的に有意義だとするなら、無時制の論理を乗り越えていくきっかけをそこに求めることができる。その結果、自己を参照することなく自己を根拠づける、という新たな課題を背負い込むことになる。その際、自己参照に由来する不都合をいかに克服するかは、行為体を根拠づける際の恰好の課題になる。自己と自己を参照した自己が互いに異なる時制に属することに留意するなら、自己参照に固有の弊害を避ける見込みが立つ。自己参照が時制の違いに留意することによって、その肯定的な意義を確保するに至る道が拓かれてくる。

ここで時制をまともに取り上げるなら、数学や論理学で受け入れられている、一階述語論理による命題とその証明という問題領域を超える事態に至る。そのことを見るためには、教師が事前に抜き打ち試験を予告することなく、ひそかに念じたままそれを実行した、という事態を想定してみればよい。パラドクスが発生する余地はどこにもない。難儀が生じる源は、命題そのものではなく、それぞれの参加者に固有の観測にとっての時制の違いにある。教師が生徒の前で、ある決意を秘めたまま一つの命題を宣言するという決定を可能にする観測行為と、生徒がそれを聞いて知るという観測行為との乖離がそれである。

2 観測に訴える

ここで観測をまともに取り上げると、教師と生徒の違いが明瞭になる。教師は決定能力を行使しつつ、経験の内部から経験事象の生成を実践する、能動的な観測の担い手、内部観測者である。それに対して、生徒は生成された経験事象の受動的な観測の担い手、外部観測者である。教師が「来週の月曜日か火曜日のいずれかの一時限目に試験を行う。ただし、いつ試験を行うかは試験当日まで知らされない」と生徒に告げたあと、生徒の言い分にいっさい耳を貸すことなく、直ちに月曜日に試験を行うと決心したなら、その執行を妨げるものは何もない。教師による試験執行は、生徒に向けて行った宣言に違反してはいない。同じく、生徒の反論も、見かけ上、正当であるかに見える。しかし、両者が同時に成立することはない。それは、事柄が理論世界ではなく経験世界の中の出来事である、という制約に由来する。

生徒による「試験日は火曜日ではありえない」という立論は、月曜日には試験は実施されなかったという事実を前提とする。しかし、教師の宣言だけからでは、その前提を保証することはできない。教師が月曜日の始業時に問題用紙を抱えて教室に入ってくるのを、実力行使によることなく阻止する方策を、生徒は持ち合わせていない。生徒の立論の根底には、教師による決定が同時に生徒によって同定され、知れわたることが、すでに想定されている。教師が試験を火曜日に行うことを決定したという仮定と、月曜日に試験は行われなかったという仮想事実が、前の週の金曜日に生徒が行う立論の中で並置されている。このことは、立論がすべて三人称現在形の平叙文でなされていることに起因している。

ところが、決定をともなう行為は、決定以前と以後の識別を必ずともなう。決定以前には、いつ決定行為がなされるかは不明だが、決定以後には、それはすでに明らかである。その意思決定がいつなされるかを、現在形のみで叙述することはできない。それをあえて現在形に限定して試みたのが、生徒の立論である。意思決定を現在形で参照できるとするなら、それを参照した現在において、その意思決定がいかなるものであるかが確定する、という作為を受けてしまう。生徒が平叙文で立論を行った現在は、前の週の金曜日である。そのため、図らずもその当日に、教師による意思決定がいかなるものであるかが判明してしまう。試験を実施することができなくなる、という作為による不作為がもたらされる。

生徒が真っ当な仕方で練り上げた現在形の平叙文に忠実に従うなら、決定は間を置くことなく、直ちにそれとして周囲に知られてしまう。ここでの「周囲」とは、その平叙文を受け入れる、われわれを含む周囲の環境を指す。決定とその可知が現在形の連言で結ばれるなら、この二つは同じ現在において並置される。この決定と可知の連言という現在形で表された全称命題を容認するなら、公にそれとして事前に知られることなく試験を執行することはできない、という特称命題が導かれる。生徒は、この現在形の平叙文の上で遂行される推論を忠実に行ったことになる。決定がそのまま可知になるなら、公知されざる執行は不可能である。この三人称現在形に限定した仮言命題の立論に瑕疵はない。にもかかわらず、この立論の対偶をとってみると事態は一変する。事実についての条件付き仮定法の対偶をとるなら、それは反事実に関しての条件付き仮定法と化す。そのため、当初の反事実にとって、陽の目を見る可能性が生じてくる。「甲なら、乙である」という条件文の対偶をとると、「乙でないなら、甲ではない」が成立する。ここで「乙でないなら」という否定形の条件文に実質的に肯定される内容が含まれているなら、対偶は新たに肯定されるべき内容を獲得する。

「決定がそのまま可知になるなら、公知されざる執行は不可能である」という条件付き仮定法の対偶は、「公知されざる執行が可能になるなら、決定と可知の連言は成立しない」をもたらす。決定と可知の連言が成立しないというのは、決定そのものがありえないか、決定が可能であっても直ちに可知になりえないかのいずれかである。生徒の立論は、はじめから対偶そのものを無視することによって、公知されざる執行がありえないことを指摘する。外部観測者としての生徒を支えているのは、すべてを現在形で参照することができる、とする現在形に基づく肯定である。

一方、教師は、月曜日に試験を行うことを自分の胸だけに秘めたまま、月曜日の始業時に問題用紙を抱えて教室に入るなら、生徒による抗弁、対偶の無視に基づく試験無効の申し立てを拒否することができる。その教師による拒否を肯定形で弁護するのが、現在形と完了形の識別である。「宝くじに当たった」という完了形から「宝くじに当たる」という現在形を導くことはできるが、逆は成り立たない。

内部観測者と外部観測者の違い

生徒による立論があたかも成り立っているかのように見えるのは、それぞれ日付が異なる複数の可能世界でなされる推論を互いに同期させ、整合させて一つの可能世界に達することができる、という仮定に立脚しているためである。しかし、前の週の金曜日に次の週の月曜日に向けてなされる推論「月曜日に試験は実施されない」の前提に、翌火曜日に向けて月曜日になされる推論の結果、「月曜日に試験は実施される」を組み入れることによって、同一対象を同時に肯定かつ否定しているという矛盾の指摘は、生徒の立論の枠内にあっては自明ではない。同一対象を同時に肯定かつ否定してはならないのは同じ状況の下においてであるが、前の週の金曜日に想定される可能世界と、翌月曜日に想定される可能世界は同じ状況下で想定されてはいない。月曜日の可能世界では、前の週の金曜日の可能世界に比べて、すでに何かが完了しているはずである。ところが、生徒の立論では、それが何であるかが明らかにされていない。

肯定形の現在形で表示された条件付き仮定法の対偶は、ただ単に現在形で表された命題の否定にとどまっていない。現在形の否定としての、現在形にあらざる完了形を肯定し、それに脚光を浴びさせることを可能にする。そうすることで、対偶は、みずからのうちに、肯定形で草された完了形が許容される余地を枯渇させることなく温存することを可能とする。内部観測者としての教師を支えるのは、現在形での肯定ではない。教師を支えるのは、完了形に基づく肯定である。

内部観測者を支えるのが完了形による肯定であることは、内部観測者が行為を可能とする述語判断の主語になることによる。その述語判断が肯定形で示されているかぎり、当の肯定の担い手である内部観測者自身の肯定も当然視される。しかも、事後の変更、すでになされたことをなかったことにするのを厳禁する完了形にあっては、当然のことながら矛盾律が適用される。同一条件下でなされる判断が同時に肯定かつ否定されることはない、とする矛盾律が適用される相手は、もちろん行為を担う内部観測者である。ここにおいて、外部観測者との違いが鮮明になる。

外部観測者である論理学者は、任意の命題を対象として、それが矛盾律に抵触するか否かを検証することができる。そこで仮にある命題が矛盾律に抵触するものとして葬り去られても、論理学者が同じ憂き目に遭うことはない。否定される宿命を負う命題論理そのものを対象化する論理学者は、その建て前において、無謬として肯定される。生徒が、教師による試験宣告はそれに付随する自己参照によって矛盾律に抵触する、と断罪しても、生徒自身が傷つくことはない。危うくなるのは、それこそ教師のほうである。自分の弁護に失敗するなら、教師は職を失うことにもなりかねない。その教師が自分を弁護する上で頼りにしているのが、同じ矛盾律である。その矛盾律の運用の仕方が、両者の間で異なる。教師は、矛盾が完了形に凍結されることを回避し続けることで、わが身の保全をはかる。試験を予告した金曜日に生徒からの反論に接した教師は、試験の実施日を翌火曜日にすると、生徒からの非難をまともに受けなければならない羽目に陥るのを知り、遅滞することなく、かつひそかに試験日を月曜日に設定し直すことができる。

3　時制の変換を司る今現在

抜き打ち試験をめぐる教師と生徒のやり取りを特徴づける完了形と現在形の差異は、単に時制の差異だけにとどまっているわけではない。それは、そこで採択されている記述の人称の差異にも影響を及ぼす。命題の是非を問うことのできる生徒は、当然のことながら、三人称に配置される記述対象を当然視する。これはデカルトの伝統に則っている。あらゆることに疑いの目を向けられる「私」は、同じ疑いを「私」には向けることができない。疑いを自分に向けてしまうと、すべてに疑いの目を向けることのできる「私」まで否定されてしまうからである。その結果、デカルトの主観は、それに基づいて主観に対置される三人称に位置づけられる客観を確保する。さらに、デカルトがその守護に努めた主観はデカルト自身によって対象化されているため、客観と同様に三人称に位置づけられる。

生徒は自分の立場を弁護するために、わざわざデカルトを持ち出したりはしないが、三人称で参照される一人称主観の立場を無謬としている。そのことに先鞭をつけたのはデカルトである。客観対象とその真偽を理論的に問うことができる主観のいずれをも三人称現在形で参照できるとするなら、三人称世界のうちで客観に対置される主観は特別な地位を獲得する。真偽を問われることを無用と化し、そこから逃れ出ることのできる無謬の主観は、三人称世界のうちに配された、客観視される理論世界を超越する、という離れ業を自家薬籠中のものにする。生徒は、理論世界に従属しているはずの経験世界に束縛されている教師をあたかも超越しているかのように見える。

三人称で参照される一人称を当然視するなら、その一人称を担うものは、みずから草した三人称現在形での言明の真偽あるいは真理値を問うことができる。仮にある言明が偽と判定されても、否定されるのはすでに客観化を要請された言明であって、一人称を担う主観に累は及ばない。真理値をともなう三人称現在形の定立を可能とする主観は、その拠って立つ方法論のおかげで保護されており、安泰である。

しかし、デカルトの主観は窮屈なまでに強力であり、かつ、その成り立ち自体がきわめて屈折している。もちろん、デカルトの主観そのものを対象化し、それを三人称現在形に基づいて批判することは容易に想定されるが、その批判それ自体は見かけ倒しであり、滑稽な自己撞着に陥る。三人称現在形の言明を容認することで、当の批判そのものが、客観に対置される主観をすでに当然視しているからである。主客分離に基づく三人称現在形の判断によって主客分離そのものを断罪したり、非難したりすることはできない。

デカルトの主観の窮屈さは、その無謬性にある。真偽の真理値が前もって付与される相手は、常に三人称現在形で草される定立であって、主観そのものは真理値が付与される対象であることから超越している。これが屈折した要請であるのは、経験世界のうちでまかり通る要請ではないことによる。教師が月曜日の朝、問題用紙を抱えて教室に入ろうとするのを見た生徒は、教師の覚悟のほどを知り、無駄な抵抗をやめてやむなく試験に臨むか、大声をあげて教師を非難するか、実力行使で教師の入室を阻止するか、あるいはそれらのいずれともつかない折衷策のうちのいずれかの対応策を採る。いずれであれ、それは、生徒がこの事態を理論世界の中ではなく、教師と同じく経験世界の中の出来事として受け入れた証となる。経験世界にあっては、完了形による新たな進行形の呼び込みが定石となる。進行形は完了形を更改するが、それ自体は周囲環境に由来する、先行する完了形から誘引される。

当の主観を含め、関心を寄せるすべての対象が経験世界に住みついていることに留意するなら、真偽を両極端とする真理値を前もってそれに付与できるとするのは過剰な要請になる。ある行為体が判断を形成するとき、当初、真偽のほどが定かでなくとも、あとで偽り、誤りであることを体験してから、前言に由来する歓迎されざる後遺症が拡がるのを避けるべく、再度、新たな判断を形成することは、経験世界のうちにあっては常態である。それは決して不名誉なことではない。

一人称と三人称

三人称現在形で判断を形成する生徒の意に反して、抜き打ち試験を実施することができた教師は、内部観測者として、一人称単数形を基盤とする行為体である。その一人称単数形の行為を可能とする今現在が時制の変換を司る。進行形による完了形の絶えざる更改がそれである。完了形が特異であることは、それが進行形を引き寄せるという親和性を発揮するところに認められる。一人称単数形が参照する「今」は、絶えず完了形を更新する進行形の運動を担う。それに対して、三人称現在形は時制の変更を認めず、変わることのない現在という時制に忠実であることによって、そこでの定立に真・偽の決定性まで付与できるようにする。教師に向かって抜き打ち試験の実施決定の無効を訴えた生徒の立論が支えられていたのは、時制の変更を認めない三人称現在形に立脚していたからである。

しかし、時制と三人称現在形の関係は対等ではない。三人称現在形は時制の変更を認めないが、時制の変更があっても三人称現在形が成り立つ余地は、尽きることなく温存されている。それを積極的に活用したのが、生徒に対峙した教師である。月曜日に教師が問題用紙を抱えて教室に入ってくるのを見て、初めて教師の決意のほどを知ることになった生徒は、その事態を三人称現在形で間違いなく参照できるが、それは教師が試験を月曜日に実施することをひそかに決意した、という完了形を踏まえてのことである。三人称現在形に備えつけられている真偽の決定性は、一人称単数形での完了形の設定に由来する決定性の代替にはなりえない。そのことを明瞭に示したのが、この抜き打ち試験の逸話である。

われわれが言葉を用いて決定性に到達する方策には、少なくとも次の二つがある。一つは、三人称現在形に由来する決定であって、これは通常、命題の証明可能性あるいは計算可能性によって実現される。もう一つは、一人称完了形に由来するものであって、これは一人称行為体がみずからの存続を賭して行う決定である。教室で生じた生徒と教師の間での試験実施をめぐる行き違いは、無時制の論理を駆使して解消される類いのものではない。違いは、決定性の由来を三人称に求めるか、それとも一人称に求めるか、という妥協を許さない選択にある。

　三人称現在形に由来する決定性が一人称単数形での完了形に由来する決定性の代替になりえないことを示すのは、もちろん抜き打ち試験のパラドクスだけではない。その影響は、広く理論科学と経験科学の関係にまで及ぶ。記述の学としての理論科学は、例外なく三人称現在形の記述に立脚する。そのため、理論科学が容認する命題のうちに現れる時間は、時制の変化をともなわない。物理における運動法則のうちに現れる時間はすべて、時制の変化をともなわない時間である。過去・現在・未来の時制の差異を容認すると、現在形で草される命題の決定性が損なわれてしまうからである。必然の法則性をともなうことなく運動法則の必然性を破る時間が登場する余地を皆無にすることができなくなってしまう。三人称現在形は過去・現在・未来を生み出さない。このことによって、記述の学としての理論科学は、三人称現在形という時制をそこでの条件として受け入れながら、時制の変換をともなう時間を容認しない、という屈折した緊張関係を心ならずも甘受することになる。三人称現在形は、恒存するとされる対象を主語に配することで、その述語から時制を参照する余地を強引に排除してしまう。

4　決定性を担う一人称

この状況下で、三人称現在形で草される命題を重用してきた模範は数学である。自己参照に基づく特殊な例外を除き、一階述語論理で草される数学命題は、そこで証明されるという決定性をともなう。理論科学は、ある公理系を前提とするなら、そこから帰納され、証明される定理体系の産出を可能にする。ここでの制約が、公理系を記述する際に採択される基本述語としての名辞である。基本述語は公理系が成り立つための前提であって、公理系によって証明される対象ではない。そのため、基本述語を支えるのは、独立して自存する名辞そのものである。好むと好まざるとにかかわらず、理論科学は唯名論の上に立つ。そのことによって、理論科学がともなう決定性は、唯名論に礎を置く基本述語を語彙として含む三人称現在形の定立がともなう決定性に帰着する。

一方、理論科学と不即不離の関係にある経験科学が受け入れる記述は、根幹において理論科学の記述とは異なる。ある実験事実を記述する際、やむをえず新しい用語を導入しなければならない事態に至ったとき、そこで行われるのは一連の運動や行為の対象化、動詞の名詞化である。例えば、経験科学を先導した熱力学において「温度」という用語が定着してきたのは、「温かさを経験する」という行為に名詞をあてがうことが受け入れられてきたからである。ここで、行為を担う動詞の名詞化において決定性を発揮したのは実験科学者である。しかし、経験世界で決定性を行使するのは、実験科学者にかぎられているわけではない。経験世界のうちに現れる、ありとあらゆる行為体が、この決定性を発揮する。経験科学者が経験世界のうちに現れた対象に新たな名称を付すとき、その経験科学者は唯名論を額面どおりに受け入れているのではない。経験科学者が発見した新たな名称は、経験世界に出現可能となっていた行為体がすでに遂行し、経験科学者によって動詞の名詞化とみなされるに至った結果を参照している。根底にあるのは、行為体における、一人称単数形での完了形に由来する決定性である。

もちろん、伝統的な理論科学の枠内にあっても、三人称現在形に由来する決定性への反省はある。その例が、証明のための推論、計算に要する時間の問題である。一階述語論理における決定可能性問題、計算の停止問題、非決定性（非決定性チューリング機械による）多項式時間を要する問題は、決定に至るまでに要する時間の多寡をまともに取り上げる。もし入手可能な計算資源を用いても、それに要する時間が途方もなく長くなるなら、三人称現在形に由来する決定性の有効性は事実上、消失する。一方、経験世界のうちに現れる行為体や有機体は、そこで遭遇するありとあらゆる困難や問題を受けても、今を更改しつつある実時間の上で、一人称単数形での完了形に由来する決定性を発揮することで有効に対処してきた。三人称現在形の定立がともなう決定性は証明手続きの完了、あるいはそれと等価な計算手続きの停止問題に対応づけられるが、一人称に由来する決定性は事前と事後を峻別する、計算にあらざる経験、観測行為を介して出現する。量子論は、経験科学でありながら、理論科学との接点を保ちつつ、一人称単数形での完了形に由来する決定性に接近しつつある、一つの大きな試みである。

第Ⅱ章

量子論からの決定性

量子論と確率論

量子論に対比される古典論は、それがいかなるものであれ、理論あるいは理論モデルに整合する可能世界を容認することから出発する。その枠内で現実世界に対応する可能世界を考案する古典論の体系にあっては、そこで設定された時間軸上のある時点における古典状態が確定しているなら、それ以後の時点における古典状態も併せて確定する、と考えることができる。そこでは、決定権を行使したものの素性を問うことはしない、とする決定論が支配する。しかし、この型の決定論は、確率的であるとされる量子論一般には適用されない。対象とする体系の量子状態が何ものかについての確率測度あるいは確率分布で置き換えられるなら、古典論の場合と同じく、以前の確率分布が以後の確率分布を確定するが（Gleason 1957）、これはあくまでも例外である。量子状態を確率分布に置き換えてよい、とする積極的な理由は、それを容認する理論の外には見当たらない。事態を込み入らせているのは、確率的であるとする量子状態の素性である。

量子論における確率は、理論そのものではなく、観測という経験事実に由来する。経験を確率と観測から立ち上げる、とするのが量子論の特徴でもあり、またその限界でもある。その確率の確定に量子状態が関与する。しかも、その関わり方があらかじめ確定していない、という内部由来の輻輳を避けがたくする。量子状態が含むことになる確率が、確率分布を決める決め方に関わるものであるなら、現在において確率分布を決めることができても、それで将来の確率分布の決め方まで確定することにはならない。この制約の肯定的な部分を積極的に評価したのが、マックス・ボルン（一八八二―一九七〇年）による規則である。量子の状態をエルヴィン・シュレーディンガー（一八八七―一九六一年）による波動関数で表すことができると想定するなら、「ボルンの規則」は、その波動関数で表現された量子の生起確率が波動関数の振幅の絶対値の二乗に比例する、と主張する。しかも、驚異的なのは、これまで統計的に検証してきたすべての事例において、この天下りの規則が成立していた、という事実である。

しかし、「ボルンの規則」は、その驚くほどの成功にもかかわらず、個々の量子状態がどのようにして確率分布の決め方に関わっているのかについては黙したままである。確率は事実に関わるものでありながら、その関わり方は一様ではない。少なくとも二通りの仕方がある。一つは量子状態がそのうちに含むことができる事実の多様さを示す指標としての確率であり、もう一つは実現した事実がもたらすことになる性質の多様さの指標としての確率である。「ボルンの規則」は、事実の多様さに課された確率に着眼し、それを活用する。そこでの事実は、それに付与される確率の値がいかに小さくとも、その確率論の枠内で、無傷のままとどまることができる。

一方、確率が事実のもたらす性質に付与されるとすると、事態は一変する。現在から将来に向けて、いかなる新しい事実が出現するのか、という問いを受けても、確定した答えを提供することはできない。これは、経験世界にあっては、経験する以前に何を経験するかを確定する術はない、という非決定論の含むところと同意である。ビッグバン直後、クオーク・グルーオンプラズマから陽子と中性子が析出されてから程なくしてヘリウム原子核が合成されるとき、重粒子として認められるのは陽子と中性子のみであるという事実から、ヘリウム原子核が実現するという事実に到達することはできない。この事実に到達するのは、陽子と中性子という事実のうちに、さらに陽子や中性子と重合できるという別の性質が新たに参入できるときである。しかも、そこには確率が関わる。

事実の発生は確率的だとするとき、その確率分布がすでに確定しているなら、そこでなされる確率的な判断に対して、対象とするのが可能な事実のすべてなのか、それとも特定の条件を満足させる、かぎられたものなのかに従って、確率の値を適切に割りふることができる。この確率的な述語判断は、主語に「すべての」や「ある特定の」という量化を許容することで、一階述語判断（論理）の典型例となる。ところが、「確率的である」という述語においても量化が許されるなら、判断は一階述語論理であることを超えていく。事実が爾後の確率の決め方に影響を与えるとすると、確率的だと規定する仕方、確率的であるとするその性質の多様さにも「すべての」や「ある特定の」という量化を受け入れさせる余地が発生する。主語のみならず述語の量化まで容認することで、判断は二階述語論理となる。一階述語判断にあっては、「すべての」や「ある特定の」という量化の及ぶ相手は主語のみにかぎられるが、二階述語判断にあっては量化の及ぶ相手が主語のみならず述語にまで拡大される。

述語論理と経験科学

「現象は確率的である」という命題、述語判断において、量化が主語の「現象」ばかりでなく、述語の「確率的である」にも及ぶなら、可算無限の多様さをともなう主語に、同じく可算無限の多様さをともなう述語が結合することになる。述語にともなう可算無限の多様さとは、主語を帰属させる文脈の多様さを指す。その結果として生じる述語判断の多様さは、別途制約を加えないかぎり、非可算無限になる。この非可算無限は、ゲオルク・カントール（一八四五―一九一八年）による対角線論法を適用することで容易に導かれる。可算無限の集合から生成される順序型の要素の個数は非可算無限である。しかし、非可算無限となる要素のそれぞれに、非負値となる確率値を課すことはできない。非負値の確率値を課すことのできる相手は、確率公理論に従うかぎり、たかだか可算無限である。二階述語論理にそのまま確率論を適用することはできない。二階述語論理に従う相手に確率論を適用しようとするなら、新たな条件づけが別途、必要となる。

二階述語論理は、一階のそれと比べて、はるかに煩雑である。しかも、数学で想定されるほとんどすべての公理系において、帰納的に構成される命題や定理の証明は、一階述語論理の枠内で実行される。この事実を経験科学、特に物理学の観点から眺めるなら、それは物理学における数学の信じがたいほどの有効性だと映る（Wigner 1960）。その有効性を支えているのが、一階述語論理である。物理学における観察命題が個体のみの量化を容認する一階述語論理で記述されているかぎり、その観察命題は、数学の場合と同じく、一階述語論理の上で実行可能とする定理や命題の証明という数学的実在に関連づけられる。この特徴と利点を、量子論は享受することができない。しかし、それは量子論にとっては欠点ではない。二階述語論理が可能となる余地を手に入れることで、量子論は一階述語論理に従う数学的実在に還元されることのない経験のありように接近する手立てを獲得するに至るからである。

ここで、述語論理を実践するのが経験科学者であることに留意するなら、数学者、論理学者にあらざる経験科学者あるいは物理学者がいかにして二階述語論理の含むところを真っ当に評価できるのか、という難問が浮かび上がってくる。もし経験科学者がわれわれの慣れ親しんでいる三人称現在形の記述に固執するなら、その意に反して自己撞着に陥る。三人称現在形で記述できる対象を容認するという方法論を採用することで、記述されるべき実在を肯定する。一方、実在が保証されるなら、数学的実在がそうであるように、それは一階述語論理が守備する範囲の事柄となる。二階述語論理を意図しながら、意に反して一階述語論理に舞い戻るのを是正しうるのは、当の経験科学者を措いて他にない。実在に懐疑的な哲学者をあてにしても、期待される助けが得られるか否かは定かではない。実在がいかなるものであるかにかかわらず、三人称現在形の記述を縦横に駆使する哲学者は、経験に固有の束縛から解放されるという利点を享受することができる。その利点を経験科学者は享受できない。この事実をいち早く指摘したのが、量子論の創始者の一人ニールス・ボーア（一八八五―一九六二年）だった。

1　経験を記述すること

ボーア以前の経験科学にあっては、それまでの哲学からの影響が支配的だった。経験世界に現れる任意の対象を客観的に記述することができるとする主観を容認し、かつ、その主観は記述されうる客観対象から逆に構成されることはないという主客分離を採用するなら、その枠内では、確かに客観対象がいかに経験世界のうちで推移していくかを記述することができる。それを可能とする仕組みが、多数の対象が同時に共在でき、かつそれらの推移は因果律に従う、とする古典論であった。しかも、対象の同時共在と因果推移を持ち込んだのは、記述を目論んだ主観そのものである。これがいかに強力な仕組みであるのかは、古典力学の創始者であるアイザック・ニュートン（一六四二―一七二七年）において、すでに明らかだった。古典力学から派生してきた、質点の間に働く力が瞬時に遠方にまで届く遠隔作用であるというのは、いかにも不自然だが、それでもその不自然さが古典力学を断念させるまでには至らなかった。

この執拗なまでに強固な枠組み、同時共在する対象を因果律に従わせることで出来事を構成するに至る、とする枠組みに否応なく反省を促すきっかけを与えたのは、ささやかな実験事実だった。それが二重スリットの実験である。

粒子銃からスクリーンめがけて粒子を連射するとき、その中間についたてを置き、そのついたての中央部に隣接して平行に彫られた二本の細いスリットを開ける。スリットを通り抜けた粒子はスクリーンに達し、そこに貼られた粒子検出板はその板の上に到着した粒子の刻印を記録する。このとき、二本のスリットの一本を閉じ、開いているスリットを通り抜けた粒子のみに着目するなら、スクリーン上に到達した粒子の刻印が見出される箇所は狭い一つの領域にかぎられた。次に、開いていたスリットを閉じ、前回閉じていたスリットを開けて、同様の連射実験を繰り返してみる。結果は、ほぼ前回と同じであるが、一点だけ異なる。スクリーン上の粒子の到着刻印が見出される小さな領域が、前回見出された領域からわずかながらずれており、かつ重なることはなかった。粒子検出板の上には、重なることのない、隣接する二つの小さな粒子の到着領域が刻印されることになる。これまでのところ、すべてがほとんど自明である。

ところが、二本のスリットをともに開けた状態で同じ連射実験を行ってみる。すると、それぞれ一本のスリットのみが開いた状態で刻印された粒子の二つの到着領域とは重ならない第三の到着領域があることが判明した。この現象を、量子論が興る一〇〇年以上も前にトーマス・ヤング（一七七三―一八二九年）が見出した光の波動性による干渉縞の生成に結びつけ、物質粒子も物質波から成るとしたルイ・ド・ブロイ（一八九二―一九八七年）の慧眼に着眼して、その意義をさらに掘り下げたのがボーアである。

古典運動論にあっては、対象の同時共在を認めた上での、因果律による出来事の統合が、その根幹に配されている。そのため、ものを確定した上で、出来事も確定できることを当然視する。ところが、その当然視が二重スリットの実験では危うくなる。

スリット一本のみが開いているとき、スクリーン上に到達した粒子がその開いているスリットを通過してきたことは明白である。スリットを通過するものが粒子であるという確定が、通過するという出来事の確定と同期する。しかし、二本のスリットが開いているときには、その同期を要請できない。何かがスリットを通過するのは確かだが、いかなるものがそれぞれのスリットを通過しているのかを確定する術がない。もし開いている二本のスリットのうち粒子が通過するのはいずれか一本のみであることがあらかじめ保証されているのであれば、スクリーン上に刻印される粒子の到着領域はそれぞれ一本のスリットが開いている場合の合成となるが、事実はそれを否定する。ここで明らかにされるのは、出来事を確定することができても、同時共在するものが何であるかは確定されない、という事態である。その結果として生じるのは、事象の同時共在と因果律に従う出来事の継時発展の双方を同期した仕方で確定しようとした古典論の破綻である。

古典論の破綻と内部観測

ここに及んで、ボーアは古典論の破綻を単なる否定形ではなく肯定形で記述しようとする（Bohr 1934）。その記述の手段は、当然のことながら、われわれがすでに慣れ親しみを覚えている言語である。しかも、その言語には古典論が活用・多用してきた語彙が含まれている。求められているのは、古典論ですでに採用されている語彙を活用しながら量子論の核心に触れることである。そのためにボーアが着眼したのが、多様な経験の間で可能になる客観的な関係であった。ただし、同時共在するものと、因果律によって統合される出来事の対が同期して確定することまでは求めない。この、一方を決めれば他方は決まらない、という相補性を尊重しつつ、多様な経験の間で可能になる関係を明かすことが、ここでの関心事である。その試みが上首尾に遂行できるのは――ボーアは明言こそしなかったが――参照される経験がすでに完了しているときである。

完了した出来事に限定して、それらの間で見出される継時推移を、古典論が採用する語彙を用いて記述することは確かに可能である。しかし、出来事の完了の繰り返し継起は、作為に基づく完了をこうむることのない出来事自体の継起とは異なる。この完了の繰り返し継起と、事柄自体の継起との違いをまともに取り上げるのが量子論である。

二重スリットの実験において粒子銃からの連射の間隔をきわめて長く設定したとき、一個一個の粒子がスクリーン上のどこに到着したのかを物理学者は報告することができる。その報告が可能となり、かつ信頼されるのは、物理学者が個々の粒子のスクリーン上への到達を、完了形を用いて参照していることによる。

二本のスリットが開いているとき、スクリーン上に刻印された粒子の到着領域に、いずれか一本のみのスリットが開いているときに刻印された領域とは異なる第三の領域があった、という報告は、粒子がスクリーン上に到達した、という確認実験を多数回繰り返し、そのすでに完了した出来事の集団を参照してのことである。一個の粒子がスクリーン上に残す刻印は、あくまでも一個の粒子として、である。連射の間隔をいかに大きくしても、二本のスリットが開いているとき、第三の領域に粒子が到達しえたという事実は、それが粒子一個の性質の表れであることを明示する。決して多数の粒子の相互干渉によって生じた結果なのではない。ただし、粒子一個がそれ自身との間で実現する相互干渉はきわめて脆弱であり、粒子が開いている二本のスリットのどちらを通過したのかを判定する測定が介入すると、それは直ちに消失してしまう。

われわれは、粒子、粒子銃、二重スリット、スクリーン、粒子刻印など、ものに関する語彙を用いて実験事実を報告することはできるが、その報告は二重スリットを通り抜ける粒子がいかにしてスクリーン上の第三の領域に到着するに至ったのか、という量子論の核心にある問いには何も答えていない。量子論は、経験する以前に何を経験するかを明かす手立ては何もない、という警句をまともに取り上げる。これは、経験を担う行為体が観測する以前に何を観測するかを明かす手立てはない、ということと同義である。しかし、観測そのものは経験世界のうちで可能である。

物理学者が実験観測に基づいてスクリーン上に刻印された粒子の到着領域を参照し、粒子のスクリーン上での位置を観測したと報告するときには、観測が二重の仕方で参照されている。一つはスクリーンの外に立つ物理学者がスクリーン上での粒子の到達領域を同定する外部観測であり、もう一つはスクリーンとそこに飛び込んでくる個々の粒子との相互作用による内部由来の内部観測である。ただし、ここで参照されている相互作用からは対象の同時共在を保証する形而上由来の相互作用は除外されている。内部観測は、個々の粒子が開いている二本のスリットを同時にどのように経験しているかをわれわれに明かしてはいない。しかし、内部観測そのものは必然となる。それが欠けていると、外部観測そのものが成り立たなくなるからである。

ここでの内部観測の積極的な意義は、参照される相互作用が古典論に固有な相互作用から逸脱している点にある。古典論にあっては、相互作用は複数の対象の同時共在を保証する形而上に由来する仕組みであるが、経験にまともに対峙しようとする量子論にあっては、その制約から解放されることを求める。そこからの必然的な代償が、対象の同時共在と事柄の継時推移の確定を同期させることはできない、とする相補性の順守である。量子論は、「もの」と「もの」の間の関係としての「こと」を同期させて確定することができないのを物質レベルで是認する。その代償を払うことで、外部観測と内部観測の相違点がより明確になる。

2　観測量と観測値

量子論の枠内での外部観測と内部観測の違いは、観測可能な量、すなわち観測量とその観測値の関係に見ることができる。簡単にするため、同時に観測可能な多数の観測量を取り上げたとき、その多数の観測量の単純な和、観測量の線形結合の観測値は、はたして個々の観測値の単純な和、線形結合に一致するか、という問題を取り上げてみよう。ジョン・フォン・ノイマン（一九〇三―五七年）に負うこの問いは、量子論とそこで可能となる観測との関係の基本に関わる。

この問いに一つの決着を与えたのが、一九六四年のジョン・ベル（一九二八―九〇年）である（Bell 1964）。同時に確定できる観測値の統計平均、期待値は、観測量の従う運動が遠隔作用を含むことのない局所的なものであり、かつ、個々の観測値の確定があらかじめ保証されているとき、「ベルの不等式」の名で総称される不等式を満たすことが判明した。古典論にあっては、例外なしに、観測量が与えられるなら、実際の観測以前であっても、その観測値があらかじめ確定していることを要請し、それを前提とする。当然のことながら、「ベルの不等式」は古典論では成立する。ところが、量子論にあっては、その不等式を成り立たせない事態を許容していることが、併せて判明した。この事実は、量子論での観測値の確定が非局所的であるか、局所的であってもその値の確定があらかじめ保証されていないかのいずれか、あるいはそのいずれもが許されることを示唆する。

量子論において、「ベルの不等式」の破れが確認できたのは、内部観測の結果を外部観測で参照したからである。内部観測は外部観測が参照することのできる完了形をもたらすが、完了形そのものものではない。そして、外部観測は、量子論での「ベルの不等式」の破れを、その完了形に登録された観測値の期待値の確定の仕方が非局所的であるか、局所的であっても当の観測量の値があらかじめ確定していないかのいずれかであることをわれわれに明かす。しかも、その選択を内部観測に委ねる。「ベルの不等式」を破ることになる内部観測のその破れへの関わり方を示す具体例の一つに、量子絡み（もつれ、エンタングルメント）に取り込まれた二粒子系がある（Hemmick and Shakur 2012）。量子絡みとは、複数の量子の運動が互いに相手側の境界条件の改変に関わることができる状況を指す。この系の一つの特徴は、そこに取り込まれ、絡み合いを完了させた各粒子の量子状態がいかなるものであれ、さらに、二つの粒子が空間上どれほど離れていても、一方の粒子の量子状態に対応する観測量の値を実際の観測によって決めることができれば、他方の粒子にとっての同様の観測量の値が、実際の観測をともなわずして確定する場合があることにある。この確定の連鎖は、一方の量子状態の観測による確定が他方の量子にとっての境界条件の確定と同義であることに由来する。この事実は実際の実験によって確認済みであり、かつ「ベルの不等式」の破れも併せて確認された。特異なのは、量子絡みに取り込まれている個々の粒子の量子状態に対応する観測値があらかじめ定まっているのではないことを保証する、実験事実の存在である。

この実験事実は、「ベルの不等式」を破ることへの内部観測の関わりは、観測量の値の確定がたとえ局所的であっても、あらかじめ観測量の値を確定することはできないことに起因する、という立場を肯定する。観測値の確定がはじめから非局所的であるとする非局所性は除外される（Tipler 2014）。あらかじめ観測量の値を確定することができないのを保証するのは量子絡みでありながら、確認することのできる量子絡みの及ぶ範囲は、それがいかに巨視的であろうとも、有界である。それを一足飛びに非局所的であるとするなら、経験科学の法を超えることになる。しかし、量子絡みは、「もの」の確定と「こと」としての「もの」の間の関係の確定が同期しえないことをまともに取り上げる。「もの」の確定は「こと」の確定に取り消すことのできない刻印を残す。逆もまた然りである。

内部観測が経験のうちで確定や決定という行為に関わっていることを、われわれがそれとして知りうるのは、完了形に登録された事態を、三人称現在形で参照される不変対象だ、とわれわれがみなしたことによる。不変対象の設定に、確定や決定という行為が関わることになる。その要点をきわめて簡便な仕方で実践する例が、経験科学者は三人称現在形を操る記述者であると同時に決定能を行使する一人称行為者でもある、とする場合である。それに見合う事例は、確かに量子論のうちに見出される。量子論が成り立つ根幹を支える確率がトーマス・ベイズ（一七〇二―六一年）の主観的確率に対応する、という見解がそれである（Mermin 2014）。この見解を実践するのが、量子論に現れる確率をベイズの主観的確率だとみなす物理学者、通称「ＱＢ主義者（Quantum Bayesianism）」である。客観的であるはずの物理現象にわれわれに固有の主観的確率を介入させることは、いかにも軽薄、短慮に見えるかもしれないが、実情は正反対である。

どうやって確率を導入するか

物理現象のうちに確率を導入する仕方には、少なくとも次の二通りがある。その一つは、三人称で参照できる確率事象の集団が保証されている三人称確率である。残る一つは、あらゆる対象にその生起確率を割り振ることができる一人称を担うものにとっての一人称確率である。当然のことながら、確率を割り振る一人称行為体の生起確率は1である。ベイズの主観的確率は、この一人称確率に準拠している。

「現象は確率的である」という命題を是認し、主語の「現象」、述語の「確率的である」のいずれにも量化を認めるなら、その命題は二階述語論理に従うことになる。しかし、このままでは当の命題に具体的な内容をともなった決定性を課すことは覚束ない。この命題に決定性をもたせるには、それを可能とする新たな修飾子の介入が不可欠である。それが、主観的であるとする観測者の参入である。確かに物理学者は主観的な観測者の典型だが、主観的観測者の事例はその物理学者だけに限定されていない。観測体は生物界にあまねくいきわたっている。

何はさておき、経験事実を参照すべき規範とするQB主義者は、可能とする理論の確定基準をその経験事実に置く。ここでの経験とは、実験の結果がそれを遂行した物理学者に引き起こす事柄を指す。その事柄の一つが、経験科学の名のもとに共有される事実である。そのため、これまで一つの反例にも出会うことがなかったボルンの確率解釈、シュレーディンガー波動関数の振幅の絶対値は確率振幅に比例する、という「ボルンの規則」を当然のことながら尊重する。しかも、一人で記述と行為の二役を担うQB主義者は、それ以外の物理学者がなしえなかったことを、いとも簡単に成し遂げる。量子論が当初要請していたかに見える非局所性を容易に退けることができる。

一つのまとまりのある量子現象の観測に、多数の離れ離れに位置している物理学者がそれぞれ独立に参加し、各々からの報告を事後に一つところにまとめて、その全体を一望のもとに眺めわたしてみると、ある特定の二つの間に完全な同時刻相関があることが判明した。この同時刻相関を担うものが、量子非局所性と称されてきた。しかし、何事も光速を超える速度で伝わることはない、という制約に留意するなら、離れ離れになっている現象の間に同時相関が成り立つということは、実験手順や報告の仕方に誤りがないかぎり、何としても理解しがたい。QB主義者は、この理解しがたい事態に対して、きわめて明快な一つの解決策を提供する。

実験に参加した物理学者からの報告は、対象が量子現象であるため、当然のことながら確率的となる。しかも、確率を付与するのは個々の物理学者である。そのため、個々の報告では、それを草した物理学者によって算定された確率が併せて参照されている。ここで、多数の報告書を一つところにまとめ、かつ、その全体をまとまりのあるものとして一望できるのは、確率を客観対象とみなせるときにかぎられる。もし確率事象の生起頻度分布が与えられ、その与えられ方があらかじめ確定しているのなら、その頻度分布の存在が確率の客観性を保証する。

しかし、ともに参照できる客観化された頻度分布をあらかじめ用意することと、客観化される頻度分布が事実として確認されることは、異質な事柄である。互いに協議することなく、それぞれの物理学者がいかにして共通の頻度分布を手にするに至るのかは不明である。その共通の頻度分布が保証されていないかぎり、客観的確率を想定した上で量子非局所性を導いたとしても、それは砂上の楼閣である。安易に客観的確率を想定してしまうと、至る所で共通の確率を参照できるという非局所性が、意図せざる仕方で、ひそかに忍び入るのを容認することになる。客観的確率を前提とする量子論のコペンハーゲン解釈にあっては、この砂上の楼閣に迷い込む道が完全に遮断されてはいない。

「量子絡み」とは何か

物理学者の間で共通の確率頻度分布を想定するのがいかに困難であるかを示す、誇張されてはいるが教訓的な事例が、ユージン・ウィグナー（一九〇二―九五年）と彼の友人二人が関わった量子の実験である。友人は放射性原子の崩壊を直接に観測する。ウィグナーは崩壊実験の観測結果をその友人から受け取る。友人は放射性原子の量子状態を観測対象としているのに対して、ウィグナーは友人と放射性原子との量子絡みを観測対象とする。そのため、友人が付与する確率は原子の量子状態に関するものだが、ウィグナーが付与する確率は原子と友人が絡んだ量子状態に関するものである。同じ「確率」という言葉を使いながら、確率をあてがう対象が両者の間で異なっている。この違いが理解可能になるのは、ウィグナーにとっての観測が終了してから、すなわち友人の報告を受けてからである。その報告以前では、ウィグナーも彼の友人もコペンハーゲン解釈に従い、同じ「確率」という言葉を使いながら、対象となる量子状態が何と絡んでいるのか、あるいは絡んでいないのかを判定する術がない。

量子状態が他の何ものかと絡んでいるのかいないのかをまともに取り上げるのは、量子実験での観測である。量子対象に供される観測装置は、それが量子対象と比較していかに巨視的であろうとも、一つの量子系であることに変わりはない。たとえそれが確定した観測結果を提供する点において古典的だとみなされても、量子論の上に成り立つ装置そのものを否定しているのではない。観測装置は、たまたま一つの量子系がもたらすことになる確定結果を肯定的に参照し、活用する。

量子対象とその観測装置を特徴づけるのは、両者が一体になることで一つの量子系に統合される、という量子絡みにある。これは単なる量子状態の重ね合わせ、線形重畳《ちょうじょう》とは異なる。量子状態の線形重畳にあっては、個々の量子状態を実現する境界条件の間にも、この重ね合わせを要求するが、その要求がいつも満たされるとはかぎらない。量子絡みにあっては、重点が、絡み合う個々の量子状態から、絡み合いを可能とする境界条件の設定に移る。量子対象と観測装置によって共有され、かつ、それぞれの量子状態を絡ませるのが、この境界条件である。通常、実験物理においてこの絡み合いを実現するのは物理学者である。その物理学者には、きわめて緻密かつ繊細な調整作業が求められる。その繊細な作業が完了して、初めて量子絡みが実現する。

シュレーディンガーによる「量子絡み」なる造語は、「絡みつつある」進行形と「絡んでしまった」完了形の統合を指し示す。三人称現在形で参照される状態の表現である、同じシュレーディンガーによる造語「波動関数」とは著しい対比をなしている。その「量子絡み」は、完了形を間断なく進行形で更改することの指標としての内部観測の典型的な具体事例として位置づけられる。完了形が絶えず進行形を呼び込むのは、「もの」の確定と「こと」の確定が同期していないにもかかわらず、観測によるそれぞれの確定値の間での相互干渉が避けられないことによる。

3　量子絡みをもたらす

これまで運動と境界条件の相互干渉を直視してきた、この量子絡みは、一筋縄ではいかない論争的な主題であり続けてきた。このことへの注意喚起を促した大きなきっかけの一つが、「シュレーディンガーの猫」である。箱に閉じ込められた猫の生死は同じ箱の中に置かれた放射性原子の崩壊の有無にある、とする思考実験において、猫の生死は箱のふたを開けるまで分からないものと想定される。このとき、箱のふたを開ける以前には、猫は生死の重畳状態にある、という戯画が描かれる。ここで問題になるのは、何が「シュレーディンガーの猫」を戯画にしているか、である。

猫にとっての二つの状態、生・死状態の重畳が現実に可能になり、それが量子絡みと認められるためには、この二つの状態を可能とする同一の境界条件がそれぞれの状態によって共有されることが不可欠である。この事態について生物学者に意見を求めれば、一笑に付されてしまう。放射性原子が崩壊する以前、いつもどおりに安泰であった猫と、放射性原子が崩壊し、そこからの放射線にあてられた毒素入り瓶が割れ、箱の内部に充満した毒素によって不幸にも死に至った猫とでは、生物学的に見た境界条件は明らかに異なる。物理学者といえども、初等生物学に通じているなら、生物学者の忠告に耳を貸さざるをえない。生きている猫と死んでいる猫が量子絡みを実現しているわけでは決してない。これまで多くの物理学者によって「シュレーディンガーの猫」がまともに参照されてきたことのほうが、むしろ驚きである。

しかし、「シュレーディンガーの猫」の戯画によって、量子絡みそのものが崩れ去ったわけではない。量子絡みを維持しているのは、生きている猫と崩壊以前の放射性原子か、死んでいる猫と崩壊後の放射性原子の組である（Hobson 2013）。ここでは、猫がその生死を賭けて観測装置の役を担うことになる。これは、きわめて当たり前のことで、とりたてて言うのがおこがましいくらいである。物理学者は、いささか常軌を逸しているとの誹《そし》りを受けるのを覚悟して、ガイガー計数管ではなく、猫と称する観測装置を用いることで、放射性原子の崩壊確率を実測することができる。その確率とは、客観化されることを前提とした、物理学者にとっての主観的確率である。

物理学者にとっての主観的確率とは、ベイズの主観的確率である。確率を行使するのは、ベイズの主観ただ一人である。ここでは、経験世界を量子論の利用者と、経験世界からその利用者だけを除外した残りのすべてを含む経験対象に二分する。ベイズの主観的確率が適用されるのは、この利用者だけである。そのため、多数の物理学者に確率を割りふる権能を与え、その後、出所の異なる確率をいかに統合するのか、という難問ははじめからない。もちろん、頻度分布の存在があらかじめ保証されているなら、コペンハーゲン解釈による客観的確率とベイズの主観的確率は、確率の付与される対象が同一であるかぎり、当然のことながら同じである。

ここで再び、ベイズの主観にとっての新たな課題が浮かび上がってくる。放射性原子の崩壊実験がそうであるように、原子の崩壊確率を実測する物理学者は、その確率を算定する主観の代行を観測装置に求める。この主観の代行がいかに難事業であるかは、生きものである猫が当の観測装置だとみなしたとき、直ちに明らかになる。猫が観測装置として有効なのは、一回かぎりである。一度死んだ猫を生き返らせ、再び箱の中に閉じ込める、などということはできない。主観の代行としての観測装置に求められるのは、観測対象と協働して両者間に張られることが可能となる量子絡みの実現である。その実現を担うのが、観測を持続して行うことができる行為体にとっての、単発的ではない、持続する同一性である。一人称行為体の持続性がそれである。

持続する観測体が一人称行為体であるのは、観測体を持続させる条件を探索し、装着するのが当の観測体に帰せられるときである。持続の条件を探索・装着できる一人称行為体は、持続することによって、さらなる持続の実践を可能にする。

観測装置とは、量子絡みを実現する一人称行為体の別名である。古典論の枠内にあっては、対象を客観化できる主観は、客観化された対象からの主観の再構成を断念し、かつ、その断念という主客分離を甘受してきた。しかし、この断念は量子論には通用しない。量子論が観測という操作・過程を容認するかぎり、観測装置と称される一人称行為体の参入が避けられないからである。観測装置の参入がなければ、量子論は経験との接点を失い、砂上の楼閣と化す。核心にある問いは、いかにして主観を代行する一人称行為体を量子論の枠内で立ち上げることができるか、である。

4　一人称の立ち上げ

物理学者が設計し、作り上げた観測装置を含め、経験世界のうちで可能となる観測体はすべて、観測の名において、周囲環境がいかなるものであるかを同定する。この同定がすでに行為である。これは古典論が想定する観測とは似て非なるものである。古典論にあっては、同定という操作の参画の有無にかかわらず、同定されるべき対象が確定している、とする立場をとる。そこでの対象の同定とは、対象をあるがままに写しとるという意味であり、そのことによって対象はいささかの変更も受けないとされる。同定される対象と、その同定を担う観測装置との間に働く相互作用は、この二つの同時共在を保証する。観測装置に写しとられ、確定された対象の属性は、あらかじめ確定されている対象の属性によって保証される。しかし、その保証が量子論では成り立たない。

量子論を支える経験事実に従うかぎり、観測装置と観測対象という二分法を採用したとき、観測対象がいかなるものであるかを事前に決定することはできない。確定されるのは、あくまでも観測の事後である。例えば、電子のスピン（磁気能率）は上向きか下向きのいずれかだが、事前にそれを確定する術はない。しかし、観測したなら、いずれであるかが確定する。このとき、ほとんど自明のことではあるが、観測装置が対象としての電子のスピンの向きを確定する。電子スピンの向きは左向きか右向きか、と問題を設定し直しても、事態の確定の仕方は同じである。観測装置が観測対象と対になって現れ、その対が一体になって観測装置によって写しとられる対象の属性を確定する。それを担っているのが量子絡みを実現する相互作用であり、その相互作用によって、観測装置と対象の間に境界条件の共有が図られる。古典論には、観測対象が観測装置と対になることで初めて観測値を確定できる、とする部分が欠落している。

量子絡みの自然化

ここで次第に明らかになってきた課題が、量子絡みの実現である。通常の量子実験では、量子絡みを実現するのは、その実験を設計する物理学者である。そうでありながら、量子絡みの実現が物理学者によって独占されているわけでは決してない。むしろ、経験世界のうちで可能となる量子絡みのきわめて些細な一部分のみを物理学者が担っているにすぎない。

生物世界のうちに現れてきた生物個体は、知覚する行為体であると同時に知覚される対象でもある。知覚する行為体が同時に知覚される対象と絡むため、キツネはウサギを追いかけ、ウサギはキツネから逃れようとして逃げまわる。これは、われわれが量子物理で得られてきた量子絡みの知見を一つの比喩として、生態系での捕食者 - 被食者の間の絡み合いに直接適用しようとしているのではない。これまで物理学者が担ってきた量子絡みの実現が経験世界でも広く妥当だと目論むのであれば、一人称行為体の出現・実現にも物理学者の関わり合いが求められる。

一人称行為体の出現が生命の起源と同一視されるのであれば、物理学者にとっての生命の起源が一人称行為体に近づくための一つの候補になる。そこに量子絡みが絡むことになる。物理学者は、自分の設計した機械や観測装置が観測対象を確定することに関わることを、いくつかの事例を参照しながら明らかにしてきた。このことは、量子絡みが物理学者の設計した観測装置に限定されることなく、広く経験世界のうちに現れてきた観測体にも通用する、という暗示をもたらす。ただし、この楽観的な暗示が有意義になるのは、量子絡みを参照することによって、生命の起源に関わる、新たな魅力ある実験を提案できるときにかぎられる。実験によって量子絡みの関与が否定されれば、それまでである。しかし、まだ否定し去られていないなら、新たな実験を提案できる余地が残されている。求められているのは、量子絡みの自然化である。

もちろん、一人称行為体の出現を三人称現在形で記述できるとするなら、滑稽な自己撞着に陥るだろう。三人称現在形の記述が、単なる意見表明ではなく、それ自体で自立する命題・理論だとするなら、定立の決定性が求められる。定立の決定性とは、そこで述べられていることの正当性に関する保証の有無の確定である。そのことに向けて、われわれがこれまで獲得してきた成功例の一つが、一階述語論理（判断）だった。そこでの定立の決定性は、定立が前もって準備されていた公理系に整合する、という証明にある。この仕組みを一人称行為体の出現に適用することはできない。何を前もって準備された公理系とみなしてよいのかが定かでないからである。

にもかかわらず、今まさに試みているように、一人称行為体の出現に三人称現在形の記述が肯定的に関わることができるとするなら、それは一人称行為体を三人称で支配するのではなく、その出現に奉仕することにとどまる。それは、一人称行為体の行為の一部分を三人称で参照できる手続きに翻訳するという試みに見ることができる。一人称行為体にとって参考となる手引き案内書がそれである。

5　相対状態の現れ

量子論の枠内にあって、一人称行為体を隠然とした仕方で参照するのを試みた例に、ヒュー・エヴェレット三世（一九三〇—八二年）による「相対状態解釈」がある（Everett, III 1957）。相対状態解釈の特徴は、量子論で可能となる量子状態はいずれももう一つの別の量子状態に対して相対的だとみなすところにある。ある状態を別の状態に相対化するところに、相対化と称する観測行為が参入する。

量子状態は、必ず別の量子状態を媒介とすることによって同定されることになる。そのため、量子状態の同定には観測がすでに内部化されている。これは物理学者が外部から量子状態の同定を行う外部観測とは似て非なるものである。相対状態解釈にあっては、観測行為が内部観測として、すでに自然化されている。その代償として、相対状態解釈は基準となる状態を欠くため、「何でもあり」の相対主義につきものの酷評も甘受しなければならなくなる。その状況下にあって、エヴェレットは、みずからが持ち出した相対状態に対応する状態関数が量子論の根幹を担うユニタリー性、確率保存を満たすことを明らかにした。相対的でありながら、相対主義につきまとう悪弊や泥沼から這い出ることを可能にした。

相関の状態化

相関する事態を状態とみなす相対状態は、「相関」という名詞で指示される対象の状態である。この指摘は同義反復で、具体的内容を欠くかに見えるが、実はそうではない。量子状態を参照するとき、それは「量子」という名詞で指示される対象の状態を指す。量子そのものは、量子状態を参照する際の前提である。その前提となる量子を支えるのが物質から成る基質であって、電子、陽子、水素原子は、その典型例である。それと同じ検討が相対状態にも要請される。量子論を成り立たせる経験世界にあって、相関を支える物質由来の基質に何があるのか、という問いに答えるのがその要請である。

例えば、二個の水素原子から一個の水素分子が生成されたとするとき、生成された水素分子は以前の二個の水素原子間に張られた一つの同時相関の現れでありながら、その持続する同時相関の同一性ゆえに、一つの新たな量子とみなすことができる。同時相関によって、新たな量子状態を支えることになる基質が出現する。相対状態には、新たな同時相関を担うことができる、新規の基質を生成する可能性が秘されている。この可能性は量子論に固有である。古典論にはそれが欠けている。古典論にあっては、すべての基質の同時共在を保証する相互作用があらかじめ装着されているため、すべてが他のすべてと同時相関を維持することがはじめから確保され、新たな同時相関を生み出す余地はすでに枯渇している。

それに対して、量子論にあっては、同時相関を維持しているのは量子あるいは量子絡みである。その同時相関を維持する典型例としてこれまで経験世界のうちで見出されてきたのが、ハドロン（亜原子粒子）、原子、分子、高分子である。しかし、同時相関の可能性はそれらにかぎられてはいない。個々の相関が継時的であっても、それらが閉ループを形成し、循環するなら、個々の継時相関が全体を構成する循環相関と同時共在することになる。循環相関が同時相関の一形態であるのは、個々の継時相関が一巡して元の相関に戻ることが、循環を構成するすべての継時相関において同時に発生していることによる。

この循環相関から同時相関に至るシナリオはエヴェレットの「相対状態解釈」に拠ってはいるが、忠実に、ではない。そのため、話を先に進める上で、当のシナリオを前もって批判的に検証する必要がある。エヴェレットは、どの量子状態も別の量子状態に対して相対的であることを認めながら、その関係が同時相関であることを前提とした。その利点は、波動関数は主観にとっての確率振幅とみなされる、というコペンハーゲン解釈との整合性である。確かに、相対状態に対応する波動関数を参照しても、コペンハーゲン解釈の場合と同じように、「ボルンの規則」の適用が確認された。しかし、その適用の仕方が独特である。コペンハーゲン解釈では、観測によって波動関数が収縮し、それに「ボルンの規則」が適用されるとするが、エヴェレットの当初の解釈にあっては、状態の相対化を設定するところで観測が内部観測による仕方ですでに参照されており、確率現象が出現するところでは観測は参照されていない。では、相対状態解釈において量子論に固有の確率事象が生起するのはどこか、という問いが持ち上がる。この問いに一つの肯定的な答えを出したのがブライス・デウィット（一九二三―二〇〇四年）であり、それに付された名称が「多世界解釈」であった（DeWitt 1970）。

多世界解釈は、その建て前により、確率事象の起源を波動関数の収縮に求めない。確率事象の起源を求める先は波動関数の分岐にあると考える。この解釈は、確かに、エヴェレットによる、互いに相対的な量子状態は同時相関をともなう、という当初の解釈に整合する。そうでありながら、この多世界解釈は、文字どおりに捉えるなら、経験的な検証に訴えることができない形而上の主張となる。われわれの棲む世界が数ある世界のうちの一つであることを証明するために何を行えばよいのかが不明である。われわれの関心事がわれわれの棲む世界のうちの出来事であるのなら、たとえ理論由来の透明さを欠くという誹りを受けても、経験由来の制約の遵守が求められる。その端緒となるのが、エヴェレットが当初要請した、相対状態の間での同時相関への批判的な検討である。

ここでの懸案事項は、相対状態間に張られる同時相関は、エヴェレットが当初想定していたように、経験以前にすでに明らかになっている理論のための前提なのか、それとも事後に判明した経験事実なのかの判定である。この判定は今現在も進行中でありながら、すでに明らかになってきた事実もある。量子世界において同時相関を担うのは量子絡みである、という事実がそれである(Hobson 2013; Mermin 2014; Tipler 2014)。量子絡みは、その絡みがすでに完了しているなら、相関する物事の間隔がナノメートル程度であろうが、何光年であろうが、確かに事後に同時相関を成り立たせている事例があることが判明した。しかし、量子絡みを実現する仕組みを構成するのは、あくまでも時間の経過を要する継時過程である。

6 三人称を超える一人称の行為体へ

量子絡みを実現するのが継時過程であるのは、ジョン・ホイーラー(一九一一—二〇〇八年)の遅延選択実験の実施手続きからも明らかになる(Wheeler 1978)。遠くの星から地球上にやって来る光子が波の性質をもつのか、粒子の性質をもつのか、あるいは、その二つがどのように絡み合うのかを確定するのは、地上で物理学者が用意する観測装置での調整を経験する光子次第である。遠くの星を発したもともと一個の光子が途中で二手に分かれる分岐を経由し、別々の光路を通過して、地上で物理学者が用意した装置において再び合流するとするとき、その合流によって初めて一個の光子の到着が確認された、というのは三人称現在形では理解しがたい現象でありながら、否定しがたい事実でもある。その否定しがたい事実の担い手が、量子絡みである。地上の物理学者は、別々の光路からやって来た光子の分身が合流できるお膳立てを用意してはいるが、分身から再び一個の光子にまとめ上げることを実践しているのは、光子自身であって、お膳立てをした物理学者ではない。

ここにおいて、一人称行為としての量子絡みが関わることになる。三人称現在形に忠実な理論の枠内で理解することが困難だから、という理由で一人称行為体を否定し去ることはできない。当の一人称行為体の肯定は間接的ではあるが、あくまでも経験的である。その肯定に至る一つの道筋が、完了形に登録された行為結果の参照を三人称現在形での記述を介して、というものである。それを可能にするのが「量子絡み」と称する名詞の介在である。

名詞はいかなるものであれ、三人称現在形の記述で参照できる。しかし、名詞は常に恒存・不変の対象を参照しているとはかぎらない。名詞は恒存・不変の対象を参照する、と約束しても、それを守らせる強制力は言語のうちには見当たらない。われわれにとっての言語は、あくまでも便宜的・実用的である。もちろん、のちにホモ・サピエンスと称される生物種にとって、言語がきわめて有効に機能してきた道具であることは間違いない。理論あるいは理論科学の分野では、これまで、そこでの言語の使用法の一つとして、名詞の参照できる相手を恒存・不変の対象に限定することが行われてきたが、それはあくまでも関係者にとって有効と判断されてきたかぎりにおいてである。その慣行に再考を迫るのが量子論である。

エヴェレットの「相対状態解釈」にあっては、相対状態間の相関をあらかじめ同時相関だと宣言することはできても、それを保証する物的手段が用意されているわけではない。また、同時相関をあらかじめ要請しなければならない必然はどこにもない。同時相関の有無は、事後に経験的に検証されるだけで十分である。事後に初めて同時相関が成り立つことが判明しても、当の相対状態解釈が失うものは何もない。そして、確率事象を守護するために、デウィットの「多世界解釈」を導入する必然も併せて消失する。相対状態が事後にユニタリー性を尊重しているとみなされるかぎり、同時相関が成り立たなくなる相対状態間では、コペンハーゲン解釈の場合がそうであるように、波動関数の振幅を確率振幅に関係づける「ボルンの規則」の適用が可能である。

持続する一人称行為体を立ち上げる

これまで量子論の枠内で経験的に明らかにされてきたのは、一人称行為体の端緒の出現が物質現象のうちに認められるということであった。その典型例が、量子絡みによる同時相関の実現である。しかし、この実験で一人称行為体が関与していたとみなされる場面は単発的であり、一過性でしかなかった。一人称行為体の出現が経験的に確かめられるとすれば、それは、単発的であり一過性でしかないとみなされていた端緒から、持続する一人称行為体に至る道筋が明らかにされてからである。

同じ懸念が、ベイズの主観にとっての確率に立脚するQB主義にも通用する。このベイズの主観にとっての確率は量子論の利用者にとっての確率であり、その主観は通常、一人の物理学者であることを想定する。しかし、物理学者が直接に現場に居合わせていなくとも物理が滞りなく進行するものとすると、そこで通用する確率はいったい誰にとっての確率なのか、という問いが持ち上がる。もちろん、理論の枠内では、確率の保存を量子過程のユニタリー性に求めることは可能だが、それを採用してしまうと過程の初期条件を設定するところで同時相関を前提として受け入れることになってしまい、一人称行為体への道は心ならずも塞がれてしまう。三人称で参照される確率事象の集団が保証されるなら、そこでは確かに三人称確率は確保される。しかし、そのままでは一人称行為体が担う一人称確率は覚束ない。

一人称行為体への道を塞がないで確率を守護しようとするなら、残る道は、確率を一人称行為体にとっての確率だとすることである。それが可能になるには、一人称行為体の持続が前提となる。一人称確率を可能にする前提を担うのが、条件付き生起確率を1とする一人称行為体の登場である。条件を課すのは、あくまでも経験世界それ自体である。これは、物理学者という主観にとっての確率が有意であるのは、その主観の持続する同一性が確保されているときにかぎられる、とすることと同義である。可能な事象の個々の生起確率を参照できると宣言する行為体の生起確率は1でなければならなくなる。行為体の生起確率が1でなければ、その行為体が宣告する確率は拠るべき参照基準を失ってしまう。QB主義は、持続する同一性を維持する一人称行為体を必要とする。主観的確率を標榜する物理学者は、あくまでも持続する一人称行為体の一事例にすぎない。

これまで量子論が経験的に明かしてきたことを振り返ってみると、QB主義は、物質現象のうちに一人称行為体が参画しうることを正当に評価し、その必然性を強調しながら、自前で持続する一人称行為体を立ち上げるまでには至っていない。同じく、量子絡みは、持続する一人称行為体に向けて「絡ませる」という行為自体の単発的な一過性の端緒を実験から入手しながら、自前で持続する一人称行為体を立ち上げるまでには至っていない。鍵を握るのは、一度現れた持続に向けての端緒を取り巻く周囲状況である。その端緒にとって、周囲状況が好都合であれば、端緒から持続への道は開けてくる。一方、周囲状況が端緒にとって不都合であれば、それで沙汰止みとなる。

この周囲状況の素性をまともに取り上げてきたのは、量子論が興る以前の一九世紀の熱力学であった。

第Ⅲ章

熱力学からの一人称

熱力学は、古典論の一分野に位置づけられながら、他の古典論とは著しく異なる特徴を持つ。過小決定性の理論である、というのがそれである。理論が過小決定であるのは、現象から理論を導く際に採用した抽象による。現象そのものが過小決定であるのではない。一六六一年または六二年に発見されたロバート・ボイル（一六二七―九一年）による「ボイルの法則」は、理想気体の気圧が体積に反比例するという実験事実を、理論としての熱力学に提供しながら、熱力学理論そのものは理想気体の気圧と体積を確定・決定することはない。ただし、気圧と体積は観測によって決定される物理量だと考える。ボイルの熱力学理論が過小決定であるのは、気圧と体積の変化が同期するという抽象を採用したことによる。一方、熱力学の理論にあらざる熱力学現象は、その内部に由来する観測によって、気圧と体積の値をおのずと確定する。観測は、気圧と体積の間の同期を前提としていない。

さらに、一七八〇年代に発見されたジャック・シャルル（一七四六―一八二三年）による「シャルルの法則」――理想気体の圧力が一定のとき、その体積は絶対温度に比例する、という法則――と一体化され、「ボイル＝シャルルの法則」にまとめあげられても、理論としての熱力学は相変わらず過小決定のままである。ボイル＝シャルルの法則にあっても、気圧、体積、絶対温度の確定には、これら三個の物理量のうち、いずれか二個の観測値が別途確定していることが求められる。

確かに、熱力学由来の過小決定性は熱力学を統計力学に還元することによって解消されるかに見えるが、それはあくまでも力学を統計に持ち込む際に採用する、観測由来の境界条件次第である。しかも、その境界条件の確定・決定は、力学そのものではなく、外部観測者である統計力学者に委ねられている。

1　断熱過程を見直す

もちろん、過小決定性の熱力学理論のままであっても、有意義な命題の定立は可能である。ただし、決定性を欠くため、その定立は否定形にならざるをえない。その典型例が、コンスタンティン・カラテオドリ（一八七三―一九五〇年）による「カラテオドリの原理」である。熱力学状態の存在を前提とした上で、任意の熱平衡状態の近くに断熱変化だけでは到達できない熱力学状態がある、という原理がそれである。この原理の意図するところをできるだけ肯定的に述べようとすると、その一例は、任意の熱力学状態のまわりに、熱の出入りをともなうことなく、機械的な仕事だけを介しては到達できない状態がある、と表明される。この表明の肯定的な意義をさらに具体化したのが、カラテオドリより時代を遡った一九世紀前半のジェームズ・プレスコット・ジュール（一八一八―一八八九年）だった。

ジュールは、自由に回転できる水平軸を固定した水槽を用意し、水中部分の軸に羽根車を、水槽外に延びている軸の部分には糸を巻きつけ、その先端部に自由落下できるおもりをつけた装置を考案して、一八四五年に公表した。おもりが自由落下を始めると、水中の羽根車は勢いよく回り出す。その結果、水はかきまわされ、それに応じて水の温度が上昇するのを確認した。おもりの位置エネルギーから水の熱エネルギーへの変換が、その温度上昇をもたらしている。しかも、変換の前と後で、おもりの位置エネルギーと水槽内の水の熱エネルギーの総和は一定不変であることを併せて確認した。これがジュールの発見した「熱力学第一法則」である。エネルギーの質が変換されても、量としてのエネルギーは不変のまま保たれる。位置エネルギーは、量を保ったまま、熱エネルギーに変換される。それがジュールの発見した熱の仕事当量である。

しかし、ジュールの熱力学第一法則には、エネルギーの総和を一定不変に保ちつつ、水の熱エネルギーからおもりの位置エネルギーに変換する可能性あるいは不可能性についての言及がない。それに明示的に言及したのが、ジュールに続くルドルフ・クラウジウス（一八二二―一八八八年）、ウィリアム・トムソン（ケルヴィン卿）（一八二四―一九〇七年）、ヴィルヘルム・オストヴァルト（一八五三―一九三二年）らによる「熱力学第二法則」だった。第二法則に従うなら、他のいっさいの変化をともなうことなく、一つの熱源から正の熱エネルギーを取り出し、それをすべて仕事に変換するサイクルは存在しないことになる。これをジュールの実験にあてはめると、おもりの位置エネルギーを水の熱エネルギーに変換することは水槽の外部との間の熱の出入りを遮断した断熱過程で実現されるが、それとは逆の水の熱エネルギーからおもりの位置エネルギーという仕事への変換を断熱過程の枠内で想定することはできない。水をかきまわすことで水の温度を上げることはできるが、孤立したままの静止した水桶の中の水をただ眺めているだけでは、そこから水のかきまわしという運動は生まれてこない。

カラテオドリは、熱力学理論の過小決定性がいかなるものであるかを断熱過程を介して参照し、そこから実質的に、熱力学第二法則を導いた。一九〇九年のことである（Carathéodory 1909; Lieb and Yngvason 1999）。その要点が、任意の熱力学状態の近傍に、断熱過程だけでは到達しえない熱力学状態がある、という指摘である。これは、第二法則の他の表現の仕方と同じく、否定形の定立になっている。ところが、ジュールは実験において断熱過程を実現しながら、すなわち、おもりの自由落下から解放される位置エネルギーで羽根車を水中でまわすとき、水槽とその外部との間に生じうる熱の出入りをいっさい遮断しながら、仕事から熱へのエネルギーの変換を実現した。過小決定性の熱力学理論が含むゆとりのところで可能になる断熱過程を参照しながら、カラテオドリの場合とは異なり、肯定形で参照できるエネルギー変換能を、そこから導き出した。もちろん、変換という行為を実践したのはジュールではない。ジュールはただ変換が可能になるようなお膳立てをしただけである。変換能を発揮したのは、何らかの意味での一人称行為体である。もちろん、ジュールの実験のままでは、一人称行為体を担う基体が何であるかは定かではないが、その起源は、過小決定性を肯定形に翻訳し直し、それが許容することのできる断熱過程の参照にあったはずである。

断熱過程は孤立系だけを意味しているのではない。熱力学系がその外界と接し、外界との間に熱の出入りがなくとも、系そのものは外界との間で仕事のやり取りができる。断熱過程そのものは、外から仕事を受けて内部で熱を発生させるか、あるいは内部の熱を外に向けての仕事に変換する。外から仕事を受けて内部で熱を発生させる典型が断熱圧縮であり、逆に内部の熱を外に向けての仕事に費やす典型が断熱膨張である。この断熱過程に特有のエネルギー変換能とそれを担う一人称行為体により接近したのが、ジュールに先行する一九世紀初頭のニコラ・レオナール・サディ・カルノー（一七九六―一八三二年）だった。

「カルノー・サイクル」をどう捉えるか

カルノーが考案し、一八二四年に公表した「カルノー・サイクル」は、気体を作業媒体としたとき、圧力、体積、温度で指定される状態変数の等温変化と断熱変化を繰り返し循環させ、熱から仕事を取り出すことを可能にする理論的な熱機関である。ここで断熱変化は断熱過程に従うが、等温変化は準静的過程だとされる。準静的過程とは、時々刻々熱平衡にある状態を渡り歩いていく変化過程であり、理論由来の過程である。そのため、準静的過程は理論の枠内では理解しやすいという利点を保ちながら、それをどのようにして実現するのかという実際に直面すると、理論どおりの理解をそのままあてはめられない難問であることがすぐに分かる。

準静的過程が熱平衡にある状態を渡り歩いていく変化過程であるというのは、あくまでも理論由来の巧妙な比喩でしかない。まわりとの間に一方的な熱の出入りをともなうことのない熱平衡にある状態を次々に渡り歩いていく過程だけが準静的過程だとは言えないからである。熱の出入りをともなわない熱平衡にある状態を次々に渡り歩くだけなら、来し方行く末のいずれを見渡しても、見えるのは同一の熱平衡であって、そのかぎりにおいて可逆である。しかし、実際の準静的過程には、可逆過程のみならず非可逆過程も含まれる。沸騰したヤカンの中のお湯は、コンロの火を止めれば、やがてもとの水に戻っていく。確かに、この冷却過程はわずかずつ温度を下げていく熱平衡状態の間の渡り歩きと理解されるが、あくまでも非可逆過程である。火を消したコンロの上に居座っているだけのヤカンの中の水が沸騰することはない。

この準静的過程にまつわる困難にもかかわらず、カルノーはエネルギー変換能を実際にともなう断熱過程と理論由来の準静的過程を統合することで「カルノー・サイクル」と称する熱機関、行為体を考案することに成功した。ここで鍵を握るのは、経験の場でいかにして断熱過程を装着するか、である。

そのために参考となる事例が、天然由来の熱帯性低気圧の発生機構である。熱帯の海洋で温められた海水は多量の潜熱を含んだ水蒸気となって上昇し、温度の低い上空に達すると、水蒸気は過飽和状態に到達し、凝縮して水滴になる。このとき水蒸気の潜熱をまわりに放出する。放出された熱はまわりの空気を温め、大気のさらなる上昇運動を促す。その結果、上昇する大気の流れの中心部分の気圧は低下し、海面上の温められた水蒸気をさらに引き込み、同様の運動を繰り返すことによって、低気圧は急速に発達していく。この低気圧の発達に中心的な役割を果たしているのが、水蒸気の潜熱である。熱帯の海面では、太陽からの熱が気化熱として、液体の気化という仕事に振り向けられる。その後、上空では、かつての気化という仕事が、それを逆転させた凝縮と称する仕事に接続され、凝縮熱としての熱が再び外に放出される。ここで生じているのが、熱から仕事へ、仕事から熱への変換である。この変換が断熱過程であるのは、当の変換自体が、それ以外の対象との間で熱の出入りを想定していないことによる。

熱機関としての熱帯性低気圧がカルノー・サイクルと異なるのは、熱帯性低気圧を駆動する断熱過程の出現が物質由来であるとする点である。ところが、カルノー・サイクルにあっては、断熱過程があらかじめ分析道具として与えられ、それを操作できる技術者が前もって想定されている。この状況下で、われわれの関心事が行為体あるいは断熱過程の出現にあるのなら、その出発点は断熱過程が未分化のままとどまっている熱力学まで遡ることが求められる。その範例は、カルノー・サイクルの公表に二年先行する一八二二年に発表された、ジャン・バティスト・ジョゼフ・フーリエ（一七六八―一八三〇年）の熱伝達則に見ることができる。

2　フーリエの熱伝達則：再訪

フーリエの出発点にあったのは熱と温度であり、それに基づいて、熱は高温から低温に向かってのみ流れ、そのことによって高温物体は温度を低下させる、と想定された。他の条件が一定なら、高温側から低温側に向かって流れる熱の流量は温度差に比例する、という熱伝達則が成り立つ。これは、のちにクラウジウスによって表明された、低温の熱源から高温の熱源に向けて熱を流すとき、他にいかなる変化も起こさせないようにすることはできない、という「熱力学第二法則」の先取りである。しかし、このままでは、熱流と熱平衡状態の関係が明らかにされていないため、理論として不完全だ、という批判を受けることになる。

熱平衡状態を受け入れると、その平衡状態のまわりに発生する熱流と揺らぎの間に独特な関係が成り立つことが分かる。平衡状態はその揺らぎを受けても、当然のことながら安定している。このとき平衡状態を実現する熱力学系がその外部から揺らぎとしての熱流の流入を受けても、受け取った熱流を遅滞なく外部に向けて散逸する。また、熱力学系に固有の揺らぎから過剰な散逸が外部に向けてなされても、それを補償する熱流が外部由来の揺らぎを介して再び系内に流入する。熱平衡状態は、事後に相殺される揺らぎと散逸を絶えず発生させることで、それ自身を安定的に維持する。その相殺を可能にするのが、揺らぎと散逸の間の線形性である（Green 1954; Kubo 1957）。

揺らぎによって生じた散逸が再び新たな揺らぎを引き起こすとき、新旧の揺らぎの絶対値は同じである、とするのが線形性の意味するところである。この揺らぎと散逸の間の線形応答は、温度の指定された熱平衡状態と一体であるため、等温過程である。そのため、この線形応答は等温過程に固有の制約を受ける。それが断熱過程の排除である。線形応答の実現のためには、当の熱力学系とその外部との間に絶えず熱の出入りがあることが不可欠となる。逆に、熱力学において断熱過程を正当に評価しようとするなら、線形応答理論と一体になった熱平衡状態とは袂《たもと》を分かつことが求められる。それを実際に実践したのが、線形応答理論が現れるより一〇〇年以上も前のフーリエであった。

断熱過程と早いもの勝ち

フーリエが表明した熱伝達則の安定性は、理論としての熱平衡状態の安定性に立脚していない。熱伝達則の安定性は、ある微小物体がそれより大きな低温物体に接しているとき、高温側から低温側に流れる熱流は、高温物体の温度をいち早く低下させるものにおのずと収束する、という物質由来の選択性に帰せられる。このことは帰謬法によって容易に証明される。

仮に高温微小物体の温度低下速度に大小二つの可能性があるものとする。この二つの候補は互いに背反し、両方が同時に実現することはないが、二つの間の相互互換までは禁止されていないとする。

ここで、もし温度低下の遅いほうが実現しているなら、微小物体の温度は早いほうに比べて高止まりしているはずである。温度が高止まりしているなら、熱伝達則によって、高止まりしていないものに比べて、低温側に向けて流れる熱流がより大きくなる。しかし、低温側に向けて流れる熱流が大きくなりながら、微小物体の温度がより高止まりすることは、高温側から低温側に向けて流れる熱流がより増大すれば高温物体の温度はより大きく、すなわち、より早く低下する、という熱伝達則に矛盾する。よって、温度低下の遅いほうが実現する、という前提は誤りである。よりゆっくり温度低下するほうが仮に一時期実現したとしても、何らかのきっかけでより早く温度を下げるほうに切り替えられたなら、それが定着する。いったん温度を早く下げるほうに切り替わったなら、そこでは温度がすでに下げられているため、よりゆっくり温度を下げるほうに再度切り替えられるチャンスそのものが消失することになる。独り占めのみを許容する資源があるとき、事態を制するのは、早いもの勝ちの原則である。

フーリエの熱伝達則の特徴は、自前の選択性にその安定性を求めながら、それが許容する散逸過程に断熱過程が関与しうることを排除していない点に認められる。線形応答の枠内で捉えられる散逸過程に基づく、あるいは等温過程の下で断熱過程を排除する、揺動散逸に基づく熱平衡状態の安定性とは大きく異なる。

古典力学と熱力学

熱帯性低気圧の発達がそうであるように、太陽光によって温められた海水がまわりの相対的に冷たい大気に接して、その海水温度を低下させるとき、海水の気化に基づいて、まわりの海水から気化熱を奪うことで、その低下を早めることができる。断熱過程による温度低下がそれである。熱をそのまま大気に放出する以前に、そのエネルギーをいったん液体ではなく気体分子としての水分子に潜熱として蓄える、という仕事に変換する。それに続いて、大気中を上昇する水分子のまわりの大気温度は、その上昇にともなって低下する。その結果、相対的に高い温度を維持してきた水分子は凝縮して水滴になり、凝縮熱をまわりに放出してその温度を下げる。これも、高温側にある微小物体から低温側に向けて流れる熱流は、高温物体の温度をいち早く低下させるものにおのずと収束する、という熱伝達則に従った運動である。ここで放出された、かつての凝縮熱を抱える大気は、さらに上昇運動を続けるため、中心部分の気圧が低下し、その低気圧を担う気柱の海面に接する部分で、気化熱をともなった水分子を新たに吸引する。これによって低気圧の発達が継続していく。この運動の特徴は、フーリエの熱伝達則に則った熱流の実現を持続的に実践する物的担体が出現する点に認められる。それが熱帯性低気圧である。

もちろん、地球海洋の熱帯部分で発生する熱帯性低気圧の持続時間、寿命はたかだか一週間前後だが、少なくともその期間内は、当の熱帯性低気圧は決定能をともなった一人称行為体・運動体であることが分かる。決定能をともなった運動とは、運動を運動法則と境界条件を用いて分析するという方法を採用したとき、境界条件の決定にも参画できる運動のことを指す。当然のことながら、古典力学に従う運動体は決定能を欠く。古典力学が威力を発揮するのは、初期条件を含む境界条件が何らかの形ですでに決定され、その結果が提供されてからである。しかし、熱力学では状況が異なる。熱力学は過小決定性の理論であるため、それ自体で気体の圧力、体積、温度などの個々の状態変数の値を決めることはしないが、自然現象のうちにある気体の圧力、体積、温度の値はおのずと決定されている。熱力学理論を具体性をともなう熱力学現象に接続するのがこの決定性であって、それはあくまでも物質由来の決定性である。熱力学理論が抽象される以前の熱力学現象には、決定性が温存されている。この決定性が熱帯に発生する熱帯性低気圧にその具体性を与える。しかも、その具体性を実現しているのが熱帯性低気圧そのものであるため、そのかぎりにおいて、持続する熱帯性低気圧は具体性を付与する決定能をともなった一人称行為体に擬せられる。

熱帯性低気圧が一人称行為体に擬せられることの源泉は、フーリエの熱伝達則をそのうちに備えていることにある。当の熱伝達則は断熱過程を含む。断熱過程にあっては、外界との間に熱の出入りを想定することなく、熱と仕事の間の相互変換を容認する。この熱から仕事へ、あるいは仕事から熱への仲介の役を果たすのが、行為体である。この行為体が一過性ではなく、持続する運動体であるなら、その持続を担うのは、物質世界での現象であるかぎり、物質である。運動体の持続する同一性は、その運動体を構成する物質の同一性に帰着させられる。

しかし、運動体の同一性を保証する物質のあり方に関して、古典力学と熱力学の間には重要な差異がある。古典力学にあっては、恒存・不変の質量に由来する慣性が、そこでの物質の同一性を保証する。質量を定められた質点が運動の途中でその同一性を変えることはない。一度定められた質点の質量が途中で変わることはない。ところが、熱力学で取り上げられる運動体としての熱帯性低気圧は、それを構成する酸素や窒素などの大気分子、さらには水分子が絶えず同種の別の分子に交換されても、その同一性を維持する。熱力学にあっては、物質交換によって運動体の同一性を維持する道が開かれている。そのため、熱力学の枠内で出現可能となる行為体は、物質交換によって同一性を維持する、持続する一人称行為体に至る道を手中に入れることになる。物質交換によって同一性を維持する一人称行為体に至るというのは、一過性の行為体が出現しても、その後、程なくして立ち消えになるのではなく、それが新たに物質交換という手段を獲得して、持続する一人称行為体へと転化していくことを指す。その根底に控えている新たな問いとは、いかにして持続する物質交換が出現してくるのか、である。

3　持続する物質交換へ

熱帯性低気圧の発達過程にあって物質交換がなされる実例の一つは、低気圧の気柱を構成する水分子である。海面に達した気柱の圧力が低下すると、高温に熱せられた海水からの水分子が気柱内に吸い込まれる。そのとき、併せて海面の冷却も行う。冷却には少なくとも二通りがある。一つは、温められた海水分子の気化という断熱過程を介して海面を冷却するものである。もう一つは、温められた海水分子が気化されることなく直接まわりの大気に向けて放熱する準静的過程を介して海面を冷却するものである。ところが、準静的過程は隣接する熱平衡状態を渡り歩いていく過程と想定されているため、きわめて緩慢に進行することが理論的な制約条件としてあらかじめ課されている。一方、フーリエの熱伝達則に従えば、数ある候補のうちから冷却過程を制するのは、より早く進行する過程であることが分かる。ここにおいて、断熱過程による冷却が可能だとするかぎり、それは準静的過程より速やかに進行する。準静的過程は時々刻々、熱平衡に達していることが要請されているため、周囲環境との間に熱の出入りを認めた上での平衡の実現を常に想定するが、断熱過程はそれを取り巻く環境との間の熱のやり取りを欠くため、そのぶん準静的過程より速やかに進行することができる。その結果、準静的過程の介入がいずれ避けられなくなるとしても、冷却過程の初期段階を制するのは断熱過程となる。

この断熱過程は気化され、海面から上昇する水分子の運動の境界条件を設定する。その上昇する水分子に適用可能となる巨視的な運動法則の典型は、流体に関する「ナヴィエ・ストークス運動方程式」である。この流体の特徴は、流体を構成する分子が同種の別の分子に交換されても流体の同一性は維持される、とする流体の連続則にある。海面から立ち上がる水分子は個々としては別々の分子でありながら、熱帯性低気圧の同一性を支えるのは上昇する水分子の気流の同一性である。その同一性を支えるのが、境界条件とみなされてきた、海面近くで進行する断熱過程である。

この断熱過程は、海面近くで上昇気流に吸い込まれることになる気化された水分子を絶えず供給し続ける。運動法則と境界条件が分離され、それぞれが確定されてから、そのあとに統合されるとすれば、連続則は運動法則が示す不変の性質となる。だが、何がどのように不変なのかを運動法則自体は具体的に明かしていない。その具体性を担うのは、一方的に運動から分離された境界条件だとされる。ところが、経験事実としての熱帯性低気圧を参照するなら、境界条件を設定する断熱過程も運動であることが分かる。熱帯性低気圧の発達、進路の計算予測に時々刻々の観測データによる補完が欠かせないのは、境界条件そのものが運動しているとみなされているからである。運動法則としての「ナヴィエ・ストークス運動方程式」はそれ自体としてきわめて妥当でありながら、境界条件を決める運動の具体的な内容がその運動法則に従って決定されているわけではない。

運動法則と境界条件を分離することは、特に理論においては有効に機能する方法論でありながら、経験事実に則してこの分離の是非を見直してみれば、具体的な運動を一般的な運動法則と決定性を保つ境界条件に分離する以前まで遡る余地がまだ残されている。流体が示す連続則に具体性を持たせようとすると、連続則を実現するように断熱過程が進行する、という新たな道が開かれてくる。断熱過程にあっては、何が速やかに温度を下げる過程なのかを決定し、かつそれを備えつける具体性が保証されている。熱帯性低気圧の気柱に沿って上昇する水分子は、その上端部で凝縮熱を放出し、再び水滴になって海面上に落下する。にもかかわらず、物的統一体としての熱帯性低気圧が維持され、発達を続けるのは、気柱の中の水分子が常に新たな水分子に交換されていることによる。この持続する物質交換を支えているのが断熱過程であって、一度現れた熱帯性低気圧がそれ以後持続する一人称行為体であるのは、それが持続的に断熱過程に含まれる仕事を司る行為体・作用体として機能するからである。

熱帯性低気圧は一人称行為体である

熱帯性低気圧においては、海面で海水を気化するところと、上空で水滴を凝集するところで断熱過程が介入する。断熱過程と準静的過程を循環させることによって作動するカルノー・サイクルとの違いは、循環を装着し、それを保証するエンジニアや技術者の不在である。にもかかわらず、熱帯性低気圧は、少なくともある一定期間、持続する同一性を維持する。それを可能にしているのが、水蒸気の凝縮によって消失する気化された水分子の上昇気流を補償する、海面上での新たな水分子の気化である。その気化が何らかの理由で、例えばその低気圧が大陸沿岸に上陸するなどして妨げられるなら、低気圧そのものは急速に衰える。その障害に遭遇することなく、熱帯の海上にとどまり続けるかぎり、低気圧は上昇気流に乗る水分子の欠乏の補償にみずから関わる。

ここにおいて、持続する熱帯性低気圧が一人称行為体であることが判明する。欠乏している資源に向けて親和性を発揮するのが、この一人称行為体である。

持続する熱帯性低気圧の事例から明らかにされてきた、欠乏している資源に向けての親和性は、生物個体による資源摂取の活動に酷似しているが、その生物由来の比喩から導かれたものではない。ここでの欠乏している資源に向けての親和性は、あくまでも熱力学由来である。断熱過程と準静的過程の、ある組み合わせから生まれてきた物質現象としての新たな親和性である。

熱帯性低気圧の気柱の上端で水蒸気が放熱して水滴を生成する断熱過程にあっては、大気中の水蒸気が消失するために圧力が急速に低下し、その影響が下端の海面と接するところまで及ぶ。その速度は、およそ音速に等しい毎秒三〇〇メートルほどである。一方、気柱を流れる気流の速度は熱帯性低気圧に固有の風速であり、その最大値でも目下のところ毎秒一〇〇メートルを超えることはないとされる。この風速は、ここでの準静的過程を特徴づける速度とみなされる。大気の流れとは対流のことであり、対流はいつもそのまわりと局所熱平衡にある、と想定されるからである。この状況下で、気柱の上端で発生した気圧低下の影響が、秒速三〇〇メートル程度の速度で下降する途中で、秒速一〇〇メートル以下程度で進行する準静的過程と局所平衡に達することはない。気圧の低下がそのまま海面まで達する。この海面に達した気圧低下が、そのまわりに対して、気柱の中での水分子の欠乏という兆候を示す。その兆候を受けて、まわりの海水は気化を通じて水分子を気柱に供給する。これが、熱帯性低気圧の示す、欠乏している資源に向けての親和性の物理的な背景である。

4　熱力学現象が支える行為体

何の変哲もない物理現象から一人称行為体への道が開かれているのは、決して奇妙なことではない。鍵は、断熱過程、準静的過程のそれぞれが進行する速度の差にある。何らかの原因で変化が発生したとき、熱力学系が示す応答には、少なくとも断熱過程によるものと準静的過程によるものの二通りが考えられる。もし準静的過程が支配的なら、まわりからの熱揺らぎと系が示す散逸応答が互いに相殺する、という標準的な線形応答理論が適用される世界になる。そこには、一人称行為体が可能になる余地はない。ところが、断熱過程の参画が無視できなくなると、状況は一変する。

断熱過程は、準静的過程より早く変化に応答できる。そのため、ひとたび変化が発生すると、断熱過程の連鎖が避けられなくなる。しかも、「カラテオドリの原理」によって、すなわち、任意の熱力学状態の近傍に断熱過程だけでは到達しえない熱力学状態がある、という原理によって、断熱過程の連鎖で近傍の熱力学状態にすぐ終着する保証が得られない。そのため、熱帯性低気圧の場合がそうであるように、内から示された欠乏に見合う資源がまわりから枯渇してしまうまで、あるいは欠乏を経験することそのものが消失するまで、この断熱過程の連鎖が進行する可能性が存続する。

さらに、欠乏を経験できる行為体そのものの出現も、断熱過程に帰せられる。断熱過程によって吸熱を行い、かつ、その熱をしばらくしてから別の断熱過程を介して放出できる物体が現れたとき、さらにこの放熱が新たな断熱過程を介して吸熱が可能になる条件を再び提供するとき、当の物体は欠乏を経験する。これが正の帰還となるときには、ここに現れた物体としての行為体は急速に成長していく。もちろん、正帰還の条件を満たさないものは途中で立ち消えになる。

持続する一人称行為体が物質交換に基づいているのは、それ自体が欠乏を経験する行為体であることによる。これは、流体に関わる連続則の実現が流体内部に由来する観測に帰せられるからである。流体がその内部から観測に関わるというのは、流体自体が物理学者の想定するような観測装置を持ち込んでいる、という意味ではない。現実の流体が、運動法則と境界条件を携えた物理学者によって把握されるような仕方で運動しているなら、境界条件に由来する決定性が流体自体に付与されていることになる。その決定性をもたらすのが、流体そのものによる観測である。

この内部観測は、理論的な作為をあえて強要しないかぎり、絶えず温存される。例えば、流体に対して非圧縮性を仮定するなら、流体と同じ速度で移動する流体構成分子の密度は一定不変となる。このとき、流体中を伝搬する、密度の振動としての音波の速度は、流体の流速に比べて無限大とみなされる。そのため、音速で状況の変化を伝え合う物理過程が事実上、無効にされてしまう。伝え合うことが瞬時に完了してしまい、すべてが同一の境界条件を共有しながら同期して運動することと等価になり、流体内にあって音速で変化を伝え合う正当な物理過程としての内部観測が強引に排除されてしまう。この理論的な作為が当然のこととして抑制されるなら、内部観測は以前のとおり健在である。内部観測にとっての鉄則は、物質の内部にありながら、変化が伝わってくる以前に何が伝わってくるのかを確定する術はない、とする経験由来の制約である。

熱力学から量子論へ

熱力学の許容する断熱過程が持続する物質交換を可能にする。それは交換を担う物体が常に欠乏を経験するためである。経験された欠乏がそのまま放置されることはない。経験された欠乏を充足する運動が、また新たな欠乏を生む。これが見かけ上の自己撞着に陥らないのは、断熱過程の継起を直ちに準静的過程で置き換えることはできない、という熱力学の特殊事情による。もし断熱過程の継起が準静的過程に置き換えられるなら、準静的過程は物質交換をともなっていないため、そこで物質交換は停止する。しかし、実際の熱力学は絶えずそれを回避する。断熱過程の継起とは行為の継起のことであり、一人称行為体が持続して機能していることを表す。それを可能にしているのが、現象としての熱力学である。これは量子論からの結果を先取りしていない。そのため、逆に熱力学が保証する、持続する一人称行為体からいかにして量子論が立ち上がるのか、という問いが可能になる。

求められているのは、断熱過程、それに物質交換をもたらす欠乏という熱力学理論に固有の理念、事柄の自然化であり、それに量子論がいかに関わることができるのか、という問いへの見通しの発掘である。

第Ⅳ章

一人称行為体からの量子論

熱力学と観測

熱力学の枠組みから導かれてきた持続する一人称行為体は、レオ・ジラード（一八九八―一九六四年）によって見直されたジェームズ・クラーク・マックスウェル（一八三一―七九年）による「マックスウェルの悪魔」に類似しているように見えるが（Szilard 1929; Brillouin 1951; Landauer 1961; Bennett 1973; Sagawa and Ueda 2009; Toyabe, Sagawa, Ueda, Muneyuki, and Sano 2010; Orlov, Lent, Thorpe, Boechler, and Snider 2012）、それと縁続きではない。計算処理の物理の枠内で、それが熱力学と接点を持つのは、メモリーに上書きを認めることで以前のメモリーの内容を消去するところにおいてである。メモリーの内容消去には、熱力学由来の仕事が要請される。その仕事による結果がエネルギーの散逸であるため、熱力学第二法則は安泰である。また、当初想定されていた「マックスウェルの悪魔」による、第二種永久機関へ向けてのほのかな芽も正当に摘み取られることになる。熱力学を可能にする観測行為の由来を「マックスウェルの悪魔」に求める必然は何もない。

熱力学が観測から成り立っていることを直接に明示する事例は、古典力学を熱力学に接続する弾性体力学においてすら、すでに明らかである。それを示したのが、数学者ジョージ・デイヴィッド・バーコフ（一八八四―一九四四年）による二つの弾性球体の衝突である（Birkhoff 1927）。弾性体の理論は、ロバート・フック（一六三五―一七〇三年）による「フックの法則」に従う応力と歪みをともなった連続体を対象としている。

ここに滑らかな水平面が用意されていて、その上を一様かつ等方的な弾性体で構成された同一半径の二個の球体が直線上を同一の速度で転がっているものとする。ただし、それぞれの球体の重心は相手の球体の重心に向かっているものとする。この球体は弾性体であるため、二つが正面衝突すると、互いの球体の重心は反発を始める。この衝突を検知するのは、あくまでも球体自体を構成する物質であって、外から眺めている物理学者ではない。球体の重心が衝突を検知するのは、二つの球体が接触を開始したときに発生した弾性波の受信によってである。ここで球体が剛体とみなされるなら、弾性波の伝搬速度は球体の移動速度に比べて実効的に無限大であるため、重心による衝突の検知は二つの球体が接した瞬間になされ、それと同時に反発が開始する。この成り行きは、すべてが古典力学の枠内で明瞭である。

しかし、球体が想定したとおりの弾性体であり、互いに逆向きに移動する球体の移動速度が弾性波の伝搬速度より大きいとすると、微妙ながら劇的な違いが生まれる。二つの球体が接し、衝突を開始しても、重心はそれをすぐ検知することができない。移動方向に対して垂直に張られた衝突面が球体の移動速度でそれぞれの重心に向かって進みながら、重心は衝突を検知していない、という事態が発生する。この結果をまともに受け入れ、それを妥当な仕方で物理的に理解しようとすると、求められるのは球体の質量保存と運動の対称性への着眼である。同じ速度で正面衝突する同質・同形の二つの球体に発生する事象は、左右対称であるはずである。だとすると、可能なのは、衝突面上に高密度の質量をともなった薄膜が急速に円板状に拡がっていく運動であるが、これは弾性体力学が想定していたのとは似ても似つかない運動である。

この高密度の質量をともなった薄膜が円板状に拡がっていく運動が異様なのは、弾性体力学の適用範囲外の問題にそれをあえて適用したためである。物体の衝突現象には必ず衝突の前・後との離散的な段差がつきまとう。しかも、その離散的な段差を生むのは、物質運動としての内部観測である。弾性体力学にあっては、物理学者によって設定される境界条件を除いて、運動は古典力学がそうであるように連続的だとされる。そこでは、観測の前・後という離散的な段差を生む観測運動は、はじめから排除されてしまう。そうでありながら、弾性体の衝突はきわめてありふれた物質現象である。バーコフが一九二七年に、弾性体力学に向けて数学的と銘打って行った批判の骨子は、ありふれた弾性体の衝突現象に異様な弾性体力学を応用するのはいかに不適切か、という指摘であった。その結果、間接的にではあるが、運動としての内部観測に脚光を浴びさせることになった。

量子論と観測

内部観測に立脚した、バーコフによる弾性体力学批判とほぼ同じ時期に現れた量子論も、同じく観測を重視する。しかし、重視の仕方が異なる。熱力学と弾性現象が参照する観測は、あくまでも記述由来である。弾性現象を詳述するのに衝突現象を適用しようとすると、それだけで記述されるべき現象のうちに観測運動を持ち込むことになる。その観測運動の持ち込みが妥当なら、内部観測の結果が物理学者の外部観測による追試で確認されるはずである。これまで数えきれない事例によって弾性論が成功を収めてきたというのは、確かにそのとおりである。にもかかわらず、そのことによって背後に控えている内部観測体がいかなるものなのか、その素性を明かしてきたわけではない。それをまともに取り上げてきたのが量子論である。量子論は当初、観測装置を携えた物理学者が内部観測体であり、その結果を外部観測の対象とするのも同じ物理学者であるとする、という少々屈折した方法論を採用した。これがコペンハーゲン解釈である。個々の事象を検知するのが内部観測体としての物理学者であり、その事象の頻度分布から個々の事象にその生起確率を割りふるのが外部観測者としての物理学者である、とするのがその解釈の骨子である。

内部観測の結果を外部観測に訴える、という観測の二重化は、事象の頻度分布が与えられているかぎり、そこから個々の事象の生起確率を確定する。この仕組みに対しては、これまで一つの反例も挙げられていない。その圧倒的な成功事例を一方で保ちながら、他方で観測の二重化という窮屈な制約を課している。このままでは、内部観測体としての物理学者が登場しなければ、外部観測の対象となる量子過程がたちゆかなくなるかに見えるが、この懸念がいかに短慮に基づくものであるかは、ほとんど自明である。対象とする量子過程が持続する個別事象であるときには、それぞれ独立した個別事象の集団を顧慮することなく、その量子過程を直に取り上げることができる。それが可能となるための前提が、対象が持続しているか否かの判定を可能にする基準の存在である。

確かに、内部観測体としての物理学者は、対象の観測をしている最中、その持続する同一性を維持する。この同一性が保証されなければ、観測されたとする対象の同一性も保証されなくなるからである。しかし、対象の持続性がそれに関わる個々の物理学者の同一性を保証する持続性をはるかに超えるとき、事態は一変する。進化過程が、この場合に相当する典型例である。持続する過程が対象であるとき、その同一性を確認できる内部観測体には、対象が可能にする持続性よりさらに長続きする持続性が求められる。その持続する内部観測体が保証されるとき、内部観測体による観測結果が外部観測に供されることになる。ここでの観測の二重化には、それぞれの観測の守備範囲が厳しく守られているかぎり、何の不都合も発生することはない。

ある古生物学者が西オーストラリア北部のピルバラ地塊における、およそ三五億年前の地層から発見した微化石様構造物（Schopf 2006）が、実際に当時生存していた微生物の化石であるか否かの判定には、少なくともその試料を採取した地層のみならず、地球史規模での年代確定に欠かせない試料採取地での岩相の特定も不可欠である。持続する対象の確定には、持続する参照基準が必要とされる。その確定が上首尾に完了して初めて、太古に生存していた生物有機体に固有な内部観測の完了結果を、現在可能となる外部観測を介して、三人称現在形で参照できることになる。

量子論においても状況は同じである。持続する対象に量子論が適用可能になるための鍵は、いかにして量子論の枠内で持続する内部観測体を確保し、守護することができるかにある。

1　持続する内部観測体

物理学で明らかにされてきた持続の範例は、ガリレイによる慣性である。この慣性は、実験観測によって容易に確かめられながら、その由来はきわめて理論的である。質量がいかにして慣性を獲得するに至ったのかを明かす経験的な背景が不明のままであっても、慣性そのものは健在である。このことは、少なくとも慣性を成り立たせるために経験過程としての観測は必要でないことを表している。慣性は観測によって確認されるが、慣性の成り立ちは観測を必要としていない。そのため、慣性は内部観測から独立し、慣性に立脚する古典力学は内部観測をもたらさない。このような状況の中にあって、経験運動としての内部観測が可能だとするなら、それを求める先は古典論ではなく、量子論である。

量子論が経験の場で明かしてきた基本的な性質として、確率事象の生成がある。ここで言う事象とは、興味を寄せられる対象のことである。互いに識別できる対象の個数はたかだか可算であり、かつ、個々の対象に課された確率の総和は1であるとする。一方、関心事が量子論の枠内で可能となる、持続する内部観測体だとすると、それはある属性をともなった作用体が確率1で生起することと等価になる。そのため、持続する内部観測体は、識別されるたかだか可算個の対象を生成する行為をともなって現れる。持続するものは、一度現れたなら、すぐに消え去ることはない。それを記述可能にする仕組みの一つが、条件付き確率である。

前件Aが成立するという条件下で後件Bが成立する、という条件付き確率を想定するとき、Aが成立するという条件下でAが成立する条件付き確率は当然のことながら1であり、これは確率の公理から直接に導かれる等式である。数学としての確率論から眺めるなら、この条件付き確率が1であるという定立は、一は一に等しいという言明と同じく、正しくはあるが、内容は空虚である。しかし、これを経験事象に関わることのできる記述とみなすと、事情は変わってくる。

条件Aは、経験事象そのものではなく、経験事象に関わる一つの記述・表現である。そのため、表現が同一であっても、参照される経験事象が異なる場合がある。例えば、生存しつつある単細胞生物について、事後に判明する条件付き生存確率は常に1である。「生存する」という命題自体は、その意味するところにおいてきわめて曖昧であり、はたしてどれほどの分析に耐えうる言明であるかは定かではない。にもかかわらず、「生存する」という前件を受け入れると、後件の「生存する」という持続に関わる条件付き確率は1になる。しかも、経験事象としての後件の「生存する」の意味するところは、前件の「生存する」の意味するところとは明らかに異なる。違いは代謝過程の介在による物質交換にある。前件と後件のそれぞれで参照されている単細胞生物は、いずれも同一種類の原子で構成されていながら、後件で参照される単細胞生物にあっては、個々の構成原子が絶えず外から新たにやって来る同一種の別の原子に交換されることが常態になっている。そのことによって、単細胞生物はみずからを持続させる。

確率の公理論から導かれた、正当ではあるが、内容が空虚な条件付き生存確率1の言明は、三人称現在形で記述されている。その理論の展開過程にあって時制が変更されることはない（Kolmogorov 1956）。そこでの前件・後件の識別に際して、時制の違いは参照されていない。一方、経験事象としての前件の「生存する」から後件の「生存する」に至る持続過程にあっては、時制の変更が関わる。後件の「生存する」は前件の「生存する」を履歴として含むが、前件の「生存する」には、その履歴がまだ生成されていないという意味において、当の履歴そのものが欠落している。この違いを参照するのが時制である。このままでは、時制の変更をともなわない確率論に由来する条件付き生存確率1を、時制変更をともなう持続に接続することはできない。しかし、あるささやかな点に留意することで、その接続が可能になる。

名づけと時制

ここで再び単細胞生物を例として取り上げよう。「単細胞生物」と名づけられた名詞は記述カテゴリーであって、それ自体で自立しており、時制との関わりを持たない。ところが、単細胞生物を構成する個物としての構成原子は、絶えず同種の新たな別の原子に交換されることで、新旧の交替という時制の変更に関わる。この原子と称する個物の交換に絶えず関わりながら、記述カテゴリーとしての単細胞生物は不変であり、時制の変更をともなわない。ここに、個は時制の変更に絶えず関わりながら、それを包括する類カテゴリーは不変のままとどまり、時制の変更をともなわない、という事態が可能になる。

時制の変更をともなう個が時制の変更をともなわない類カテゴリーに着地することで、逆に類カテゴリー自体は、それを構成する個の時制変更を甘受しながら、時制変更をともなわない類としての不変性を維持するに至る。しかも、もっぱら個にあらざる類カテゴリーを対象とする確率論に従うなら、ある類カテゴリーを満たす事象が成り立つという条件下で、それと同じ類カテゴリーを満たす事象が成り立つという条件付き確率は、当然のことながら1になる。時制の変更をともなう個は、時制の変更をともなわない類カテゴリーに着地することで、その着地先で帰属カテゴリーに由来する条件付き生起確率1を保証する。生成物が個の交換を介して再生できる条件を物質の内側から観測するとき、途中で環境が激変しないかぎり、その再生は繰り返される。類の持続を担う条件付き生起確率1が、その繰り返し再生を保証する。これが、個から見渡される類カテゴリーの持続性である。生起確率が1より小さい類カテゴリーは、生起確率をより大きくする類カテゴリーに順次、置き換えられていく。経験事象は、この頑健さをともなう持続性を大いに活用する。

古典力学では、時制と関わりを持たない類カテゴリーに固有の不変性と、時制の変更をともなうはずの持続性のいずれをも、慣性をともなう同一の個に帰属させてしまう。そのため、時制とは無縁な時間という観念が実在するという立場と一体化され、新しい類カテゴリーが出現する道が閉ざされる。その結果、当の主張は素朴という冠を載せられた実在論者のそれとして受け取られてしまう。それに対して、新規の類カテゴリーを前もって自由に考案することを容認するのは、良い意味でも悪い意味でも「唯名論」として受け取られながら、その裏づけを新しい感覚経験を容認する観測行為に求めるという制約を併せて受け入れるなら、唯名論から引き継がれる負の遺産の逓減がはかられる。対象が何であれ、それに名づけができないなら、われわれはものをしゃべることすらできなくなる。だからといって、手当たり次第に名づけをしてよいということにもならない。

ここに、名づけそのものである類カテゴリーと、名づけられる素材を構成する個との関係、持続との関連が浮かび上がってくる。量子論は、これを真っ当な課題として取り上げる。理論としての量子論は、時間カテゴリーを認めながら、古典論とは異なり、そこから時制を強制的に排除することはしない。これは、量子論が時制の差異を直視する経験をその根底に配していることによる。それを如実に示すのが、確率や観測と称される対象の参入である。経験としての観測は、観測前・後の間に不連続となる切断を導入する。もし時制の差異を認めないなら、過去・現在・未来の識別は無用と化し、ひいては、過去・現在・未来をそれぞれ参照して、それらが共存するという言い分すら不可能になってしまう。

三人称確率から一人称確率へ

その量子論を特徴づける確率性は、単に、対象とする経験事象が確率的だと物理学者によって観測された、という記録に登録された事実を指しているだけではない。確率論は量子論に依存することなく、可算の事象の任意の一つが属する類カテゴリーについて、その条件付き生起確率を1とする、という記述枠組みを提供する。条件付き生起確率が1であるということは、ある類カテゴリーに属する事象を実現する条件が成立するのを観測することと、その類カテゴリーに属する事象を実現するという行為が同義であることを示す。ある類カテゴリーに属する事象が実現するなら、それはその類カテゴリーに属する事象を実現する条件が成立することと同義になる。確率論は、観測と行為を統合する数学者を前提とする。とりわけ条件付き確率を行使する行為体が確率1で生起することを前提とする。しかし、生起確率を1とする行為体は、数学者だけにかぎられているわけではない。持続する行為体は、すべからく生起確率を1とする行為体に擬せられる。

確率論は、生起する類カテゴリーについて、条件付き生起確率を1とするその条件の観測とそれに向けての行為を数学者に求める。一方、量子論は、観測体をともなった上での確率事象の生起を保証する。この観測体は、条件付き生起確率の行使を可能にする。その条件付き生起確率を当の観測体に適用するなら、当然のことながら、観測体が生起するという条件下で実際に観測体が生起する条件付き確率は1になる。もしその生起確率が1より小さくなるなら、当の観測体が付与する条件付き生起確率は拠るべき基準を失ってしまう。このことは、量子論のうちに、併せて類カテゴリーの条件付き生起確率を1にする仕組みが潜在していることを示す。その潜在している仕組みがいかにして顕在化するかは、あくまでも経験的な課題である。

量子論が可能にする確率を、確率事象の集団を前提とする三人称確率に準拠させるなら、個々の事象の生起は当然のことながらランダムであり、そこで生起確率が1となる事象を想定することは、それこそ確率事象である量子過程の否定に連なりかねない。これが不適切なことだとすれば、残る選択肢は一人称確率への着眼である。一人称確率を行使する持続する観測体にとっての条件付き生起確率は確かに1になる。これは、もちろん三人称確率が想定するランダム事象としての量子過程に矛盾はしない。三人称確率は三人称で参照される確率事象の集団の規模によって、いかようにも修正される。規模が膨大になれば、個々に割り当てられる生起確率は当然のことながら小さくなる。三人称確率は、三人称で参照される確率集団の設定において任意さがつきまとうのを不可避とする。一方、一人称確率は、一人称行為体が持続するならば、という条件下での条件付き確率である。ここで鍵を握るのは、経験世界のうちにあって、はたして持続する一人称行為体が出現しうるか、である。

経験事象としての観測に基づく物質交換が保証された現象の前後において、以前と同じ類カテゴリーに属する事象の生成が一例でも確認されたなら、その事実は、同じ類カテゴリーに属する事象の生成を爾後に可能とする条件を新たに準備することと同義になる。加えて、生成物が生成条件を保証するなら、物質交換による生成物の持続は経験からの一つの帰結ともなる。しかも、生成と生成条件が同義でありながら、それが内容空虚な恒等関係に帰していないのは、この二つの間に物質交換という具体性をともなった経験事象が介在していることによる。類のレベルでの生成と生成条件の恒等関係

C. G. Jung

ユング、カール・ギュスタフ (Carl Gustav Jung 1875-1961)

スイスの精神医学者。牧師の家庭に生まれた。バーゼル大学医学部卒業、チューリッヒ大学で精神科の助手となる。フロイトのもとに学ぶがのちに訣別。無意識には個人的、普遍的の二つの層があり、後者は民族・文化を超え人類に共通であるとして、これを「元型」と呼んだ。夢・神話・錬金術・民族宗教などを自由に研究し、西欧中心主義批判の先駆となった。著書は、『リビドーの変容と象徴』『心理学と錬金術』『結合の神秘』など多数ある。F

は、この二つの間にもたらされる循環を保証し、それは個のレベルで実現する物質交換に、その条件付き生起確率を1にするという頑健さを提供する。個別具体のレベルでの観測の介入が類の成り立ちにとって必然となるとき、類レベルでの単なる恒等関係は個別レベルでの有意な持続経験からもたらされることになる。

この物質交換の繰り返しによって、同様の類カテゴリーに帰属する事象の繰り返しの実現・持続が保証される。もちろん、外来の原因によって生起確率を1とする条件が強引に破られてしまうのであれば、その実現は保証のかぎりではない。そうでないかぎり、類カテゴリーを実現する条件の成立と類カテゴリーの実現を同一視・恒等視する確率論を一方で眺めながら、量子論はそれに新たな経験的意味を付加することを可能にする。類カテゴリーの実現とその条件の実現の間に個別具体の事柄を介在させることで、事象の成立と事象を成り立たせる条件の成立との間に、経験的に見て有意な差が発生することに留意することを量子論は可能にする。その有意な差をもたらす具体例の一つが、個を類に結びつける物質交換に見出される。翻って、物質交換は、持続を担う確率論での恒等関係を、類ではなく個に基づく物質レベルで具体的に定着させることを可能にする。それをいかに活用するかは、量子論次第である。

生成が引き続き再生の条件を提供するなら、再生は繰り返される。持続する物質交換は、この繰り返し再生を多用する。求められているのは、三人称確率ではなく一人称確率を活用する量子論である。量子論にとって一人称確率が避けられないのは、量子論がその主題として設定した確率がいったい誰にとっての確率なのか、何ものにとっての確率なのか、という問いに答えなければならないことに由来する。

2 持続する化学反応へ

量子論が興る以前にその主要部分をすでに先取りしていたのは、一八世紀から一九世紀にかけて活動した化学者アントワーヌ・ラボアジエ（一七四三—九四年）とジョン・ドルトン（一七六六—一八四四年）である。化学反応の前後で質量の保存を見出したラボアジエと、化学反応に関わる単位が原子であることを見出したドルトンの結果に基づいて、アンリ・ルシャトリエ（一八五〇—一九三六年）は、さらに平衡系にある化学反応の根幹を担う「ルシャトリエの原理」を見出した。この原理は、現在の量子論とその上に立つ量子統計物理学でも守られている。それは、化学そのものの成り立ちにおいて、量子論が、潜在的にではあるが、すでに評価されていることを表す。

しかも、持続現象の典型である生物有機体は、各種の化学反応によって維持されている。ところが、この持続する化学反応は「ルシャトリエの原理」に忠実に従ってはいない。反応系を構成するある分子Aがまわりの別の分子と結合するか、あるいはAの分解によって別の分子A′に変換されるとき、系が化学平衡にあるなら、この順方向の変換は「ルシャトリエの原理」に従い、逆向きの反応、A′からAに向けての逆方向の変換反応に釣り合う。ただし、この「ルシャトリエの原理」に基づく釣り合いの条件は、個々の反応分子についてではなく、あくまでも反応系全体に対するものである。平衡系での釣り合いの条件が満たされているときには、個々の反応分子の相互関係を指定した上での持続現象は想定しがたい。それに対して、「ルシャトリエの原理」が成り立たない非平衡系で化学反応を取り上げるなら、事情は一変する。地球を取り囲む環境においても、温度差をともなう非平衡系での化学反応の実現例は確かにある。低温の地表で受ける高温の太陽光、海底熱水口からの熱水を受けるまわりの冷海水が、その例に含まれる。

例えば、分子Aがまわりの別の分子と結合して分子Bに変換されたあと、BがAに戻る前に新たな分子Cに変換されるとするなら、CにはAを構成していた原子の一部が含まれる可能性が生じてくる。ここにドルトンの原子論が積極的に介入する。この異なる分子間に実際に転送される同一物質がAからB、BからCに向けての反応を、いかに短時間であろうとも持続させる物質基盤を担うことになる。

さらに、Bから生成されたCが直近のBに逆戻りする前に、素早く別の新たな分子に変換されることを繰り返して、分子Zにたどりついたとする。この事態を受けて、Zが素早く出発物質であるAに変換されるとするなら、新たな事態が発生する。最初の出発分子であるAと、回路を一回りして変換されてきた分子Aは、分子として同じ類・クラスに属しながら、それを構成するある原子は同種の別の個体原子に置き換えられることが可能になる。その中にあって、最初の出発点での分子Aを構成する数ある原子の一部が、一連の反応を一巡して新たに生まれた分子Aにそのままとどまっているとするなら、この循環物質としての一巡原子群は、少なくともその一巡する反応を具体的に証する物質基盤となる。

3　循環物質が担う親和性

AからZを経て再びAに戻る反応回路の実現には、回路を構成する以前には認められていなかった新たな化学親和性が働き、反応回路に新たな頑健さを付与する。個々の変換反応においては、変換前の分子と変換後の分子の間に、変換に関する化学親和性が働く。それは、当然のことながらZからAへの変換にも適用される。このとき、ZからAへの変換において、化学親和性の働き方が二重になる。分子Zが分子Aに変換される化学親和性に加えて、分子Zに含まれる循環物質としての、かつての分子Aを構成していた一部の原子群も、ZからAへの変換に供される化学親和性に寄与する。これは循環物質が担うことになる回路再構成へ向けての化学親和性であって、しばしの間、回路内にとどまっていたという履歴・記憶を担う個別物質に由来する親和性である。反応回路が行う履歴・記憶の読み取りとその解釈という隠喩の物質化が、今現在に発揮される、あくまでも個に由来する物質現象としての親和性に現れる。物質が他に向けて発揮する新たな親和性は、物質の組織化に向けての新たな結合をもたらす。その新たな親和性の出現に履歴が寄与する。反応回路が担うことになる持続する履歴は、その典型例となる。履歴は絶えず履歴を再生する親和性をともなって現れる。

物質運動に履歴が参入するようになると、履歴を担うものと履歴をそれとして参照するものとの対比が鮮明になる。その対比を支えるのが、異なる時制をまたぐことになる指標関係である。表象のみによって記述される物理運動の枠内では捉えることができなかった物質運動がそれである。反応回路の運動を担うのは、表象そのものではない。それは物質由来の指標関係に認められる。

この履歴を履歴として同定するのは、あくまでも内から回路そのものを参照できる循環物質それ自体であって、われわれを含む外部由来の観測体ではない。直前の過去の回路内に由来する親和性によって引き込まれた物質の一部分が、今現在において参照される回路のうちに存続する。先行する循環物質は、今現在において絶えず後続する循環物質を回路に引き込む。そのことによって、循環物質の持続という回路の連続運転がはかられる。その履歴を抱えたまま、今現在において外へ向けての親和性の発揮に寄与するのは、循環物質が出現する以前にはありえなかった新たな親和性である。さらに、更改され続ける親和性にあっては、内生の選択能が備わっている。互いに両立することができない親和性が可能になるとき、事態を制するのはいち早く資源を獲得するほうになる。

ここに「直前」と「今現在」という二つの異なる時制を結びつける親和性が現れる。履歴が持続する今に対して親和性を示す。履歴の定着が新たな親和性の出現と同義になる。循環する反応を支える反応回路にあっては、直前に上流に位置していた反応分子を今現在において直近の下流に位置する反応分子に変換させる、という時制をまたぐ親和性が働き、循環物質がその親和性を担う。その典型が、回路による回路外からの資源の取り込みに認められる。化学親和性は化学反応を可能にする条件を提供する作用であるため、循環を繰り返す反応回路中に現れる生成物がともなう親和性は、その再生を可能とする条件を提供する作用と同一視される。

無時制の時間を尊重する物理科学での組織体は、時制の違いを積極的に参照する親和性、すなわち履歴を参照することで新たに発生する親和性を活用していない。物理科学には、もともと異なる時制を認めた上で、改めて異なる時制をまたぎ、かつ接合・統合するという問題そのものがない。物理科学は、その成り立ちにおいて、時制をまたぐ親和性を物質現象から排除しているからである。

一方、循環物質が発揮する他に向けての親和性は、現在化された過去が今現在に及ぼす親和性と解される。現在化された過去が今現在に及ぼす親和性とは、完了形が後続する進行形を誘い込むことを指す。それは、競合する相手によって制されないかぎり、常に経験の場で他との親和結合へ向けて、時制をまたいで今現在に手を差し出す。無時制の時間を強要しないかぎり、時制をまたぐ親和性への道を物質自体が閉ざすことはない。履歴をともなう親和性は、先行する反応回路運転からの結果であると同時に、後続する同様の反応回路運転へと誘引する運動原因にもなる。さらに、この結果から原因への転化は、決して悪しき循環にはなっていない。以前と以後の間には物質交換が介在するため、原因の働く対象が以前と同じではなく、絶えず新たなものに置き換えられている。

しかも、ひとたび反応回路が出現したなら、外部から破壊的な要因があえて加わらないかぎり、それは後続する同様の反応回路を成り立たせる条件の成立と同義である。ある一点から出発し、一回りして振り出しに戻るのを保証する条件が用意されているなら、その同じ条件下で振り出しからまた出発し、さらに一回りして再び振り出しに戻ることが保証される。あとは、その繰り返しである。反応回路の出現が回路を成り立たせる条件の成立と同義なら、他の条件によって著しく妨げられないかぎり、回路の運転は持続する。

これを論理上の単なる恒等関係ではなく、経験的な観点から見て具体的かつ有意味な対象にしているのが、個のレベルで進行する物質交換であり、それは類カテゴリーとしての反応回路の同一性をもたらし続ける。反応回路は、その類カテゴリーとしての同一性を物質交換に求めながら、その物質交換の実現を保証する個の自己同一性を循環物質の個別性に求める。この持続する反応回路を三人称に位置づけるなら、その持続性は物質交換による、と記述される。加えて、ここで記述される対象を経験の対象とまでみなすなら、何がそれをどのように経験するのか、という問いが避けられなくなる。

一人称行為体の基盤

ここでさらに踏み込んで、当の物質交換を司るのは何か、と問うなら、三人称の記述ではたちゆかなくなる。三人称の記述は対象に働きかけることをしないし、それはできることでもない。三人称現在形の記述のうちに著者に帰されることのない能動態を配するのは禁じ手である。それを許すと、記述が要請する再現性が危うくなる。物質交換を司るのは一人称行為体を措いて他にない。この問いそのものが一人称行為体を想定しているからである。問いが求めているのは、一人称行為体を成り立たせる個別的な素性と、その物質的な基盤である。しかも、この一人称行為体は、三人称で参照される、持続する類カテゴリーの産出を引き受ける。ここで参照されている類カテゴリーは、あくまでも産物としてのものであって、それがともなう時制は現在完了形にとどまる。それが可能になるためには、一人称行為体のうちに持続する個別性を備えることが不可欠である。三人称で参照される、この持続する類カテゴリーを保証する参照基準としての物質基盤が、一人称行為体のうちに見出される。それを保証するのが、持続する親和性を実際に担うことになる個の絶えざる交換である。その持続する個別性を支える一つの具体例が、ここでの反応回路に固有の循環物質、記憶を担うことになる循環物質であった。類の持続性は、個に由来する、かぎられた持続性にその源を発しながら、個の持続性そのものではない。個の持続性は一代かぎりでありながら、循環物質中の個は絶えず世代交代を受ける。類の持続性は個の連綿とした世代交代に由来する。

もちろん、この循環物質とそれが担う記憶が完了形で登録されたかぎりでの記録と化したなら、それを三人称で記述することは可能だが、その記述自体は一人称行為体である反応回路がいかに循環物質を経験しているのかに直接触れているわけではない。個としての循環物質に求められる最低限の要件とは、類カテゴリーとしての反応回路の同一性を個の同一性に対応づけることである。そのため、参照基準としての個の循環に求められる要件は、少なくとも最初の一巡の間は個としての同一性を回路内で維持することとなる。個の交換を保証する、参照基準としての新たな個の持続がそれである。二巡目を終えるまで、最初の個の同一性を維持することは必須ではない。二巡目に入ったとき、別の新たな個が循環物質の役を引き受けるなら、一巡目のときと同じく、二巡目においても一巡したとする循環物質の存続は保証される。反応回路の同一性と、個としての循環物質の同一性との対応は確かにつけられる。

4　指標としての循環物質

記憶を担う循環物質の特徴は、反応がAから出発してZを経て再びAに戻る一巡の間、物質交換を受けないところにある。これは、循環物質がその構成要素の交換を受けつけない、と言っているのではない。循環物質であろうとも、反応回路を構成する物質であるため、その要素交換は避けられない。ただし、循環物質には少なくとも反応回路の上でのある一巡の間、物質交換が猶予されている。巡回を繰り返す反応がどの一巡にあろうとも、その一巡の間、物質交換を受けつけない物質がある。それが循環物質である。この循環物質には、個々の反応分子には認められなかった新たな親和性が付与される。回路にとっての資源を取り込むという外部へ向けての親和性がそれである。循環物質を含む回路が外に対して示す親和性は、すでに回路を一巡したという履歴をともなった上で物質が示す親和性となる。ここでは、循環物質が回路の内と外を識別する指標とみなされる。

反応回路の持続のためには、外界からの資源の取り込みと、回路からの解離物の外界へ向けての解放の二つが不可欠である。特に内外を区別し、内から外へ向けて働きかける能動作用は、反応回路の運転に見られるように、明らかに物質現象でありながら、物理の枠内では、これまで正当に扱われてこなかった。確かに、反応分子は、高分子であれ、低分子であれ、単体で記憶をともなった能動作用体になることはない。この能動作用を発揮することを可能にする基体が、反応回路内での循環物質である。これは反応回路の出現と同時に可能になる一つの物質形態である。循環物質は、それに固有の反応の一巡においてではあるが、不動の動者、作用体となる。その間、反応回路に固有の物質交換は、不変・不動の循環物質を参照して実施される。その実施を促すのが循環物質の暫定的な不変性であり、それが隣接する外界から資源を取り込む能動性を支える。

循環物質による具体的な能動性が現れるのは、反応回路からの解離物の解放に継起して現れることになる外界からの資源の取り込みにおいてである。取り込みと解離は同期していないため、あるいは同期させる物質手段を欠くため、循環物質は暫時、資源の欠乏を経験する。にもかかわらず、反応回路の運転が持続するなら、循環物質は、それ自身を毀損することなく、欠乏を充足すべく外界に働きかける。この循環物質の毀損を防ぐため、それをあらかじめ細胞様の構造物内に閉じ込めて保護する必然も必要もない。ただし、これは物質交換を司る循環物質を保護することのできる細胞様構造は不要である、と宣言しているのではない。物質進化の過程にあって、持続する反応回路が現れてからはるかのちの段階で、生命の起源に擬せられる細胞様構造が出現するのであれば、それが循環物質の保全・保護に資するかぎり、当然のことながら持続する反応回路に組み入れられることになる。循環物質の出現に細胞様構造は必須ではないが、細胞様構造が反応回路の循環物質に統合される事態が発生するなら、それ以降、細胞様構造に組み入れられた循環物質が必然になる。

ここで循環物質の基盤を担っているのは、量子論を先取りした化学であって、生物学ではない。循環物質が必要とする資源の欠乏を経験する、というのは、あくまでも一つの比喩でしかない。それを物質化・自然化したのが、循環物質による新たな化学親和性の現れそのものである。能動性とは、まだ充足されていない化学親和性が持続して現れることによるものである。例えば、酸素分子が水素分子に対して示す化学親和性は、実際に結合して水分子になることができる水素分子を直近のまわりに見出すことができなくても、消失することはない。消失することのない化学親和性は、充足されていない化学親和性として酸素分子にとどまり続ける。それは水素分子にとっても同様である。

反応回路の出現

化学親和性は、その機能において双方向的である。一方が他方に対して親和性を発揮しながら、他方が親和性を示さなければ、両者の間に結合を促す親和性が成り立つことはない。同じことが、持続する反応回路を構成する循環物質にもあてはまる。反応回路の運転において分子Ａが分子Ｂに変換されることは、回路外の環境がＡからＢへ向けての変換に親和性を働かせることを含む。同様に、回路外の環境はＢからＣに向けての変換にも親和性を働かせる。Ｚを含むそれ以外の回路を構成する分子についても同様である。回路外からの変換反応へ向けての親和性は、回路を構成する反応分子のすべてに同時に作用する。この回路外からの親和性の働きかけは、回路を構成するすべての反応分子に対して同時に共在しながら、それだけで回路を統合する機能を発揮してはいない。回路の統合は、それを構成する変換反応そのものの同期によるのではなく、同時共在する変換反応の時々刻々の更改を通じて互いに継起する反応の継ぎ目のところで発生する同期だけに注目し、そこから一巡する反応の循環を実現するところに認められる。それを可能にするのが、参照基準である循環物質の個としての同一性である。継起する反応の継ぎ目にあっても、個としての循環物質の不変性は保たれる。循環物質を共有することによる、継起する反応の回路への統合が、その結果である。

回路外の環境は、反応回路の持続のみならず、回路そのものの出現にも決定的な役割を果たす。分子Ａが分子Ｂに変換されるとき、この反応が熱平衡の条件下で行われているなら、ＢがＡに変換される逆向きの反応と釣り合う。しかし、熱平衡の条件から外れるなら、ＢがＡに戻る前に、新たにＣに変換される可能性が生じてくる。その具体例は、地球の海底の熱水噴出口の近傍である。熱水噴出口の内部は高温であるため、海水に溶け込んでいたAを含むさまざまな分子がエネルギーを獲得したとき、そこで生成されたBがAに戻るのではなく、Cに至るのが可能なのは、BからCに行く反応がBからAに戻る反応に比べて速く進行するときである。それを可能にするのが、Cを含んだ熱水を急速にまわりの冷海水中に放出することによる急冷である。この急冷によってCが冷海水中に定着されるのは、Cの構造を維持したままでの急冷が、BまたはBを経由してAに戻る反応より速く進むときである。そのCの速やかな急冷を可能にする仕組みの代表例が、断熱過程を介する冷却、断熱冷却である。

断熱冷却にあっては、熱水中で生成された分子Cがそこで獲得した熱エネルギーを凍結し、それをCを維持する結合エネルギーに変換することで、その温度を急速に下げることができる。断熱冷却による温度低下にあっては、時々刻々、熱平衡を維持しつつ温度を低下させる準静的過程より十分に、速やかに進行することが可能だからである。この事態は、当然のことながら経験あるいは実験に基づいて検証されるべき課題である。

分子Aから出発してCにたどりついたとき、Cを含む冷海水が近傍の海洋中を循環して再び熱水口に戻ってくるなら、Cに変換をもたらす高温での生成反応が後続する。さらに、そこからの新たな生成物Dが冷海水に放り出され、それに課される断熱冷却によって、Dの冷海水中での定着が期待される。これを繰り返すことで、反応回路の出現へと通じていくことになる。しかも、反応回路とは、同種の反応分子群が繰り返し生成・複製あるいは再生されることを指す。これをそのまま量子論の枠内で受けとめようとすると、量子論からの動かしがたい定理である複製不可能定理に抵触するかに見える（Dieks 1982; Wootters and Zurek 1982）。経験事実としての反応回路を弁護するには、この複製不可能定理をいかにして回避するか、その道筋を明らかにすることが、まずもって求められる。

5　分子再生を容認する量子過程

量子過程をシュレーディンガー波動方程式に従って、量子状態に対応づけられる波動関数が時間発展を遂げる過程として捉えると、複製不可能定理は避けがたくなる。ある量子状態が複製されるとは、コピー元とコピー先の二つの量子状態があって、コピー先の状態は必ず確率1で確保されるという条件下でコピーがなされることを指す。ところが、コピー元の状態の生起確率は一般に1より小さい。したがって、コピー先の状態はコピーの実施によって確率1から1より小さい状態に遷移することになり、確率の保存を破る。一方、シュレーディンガー波動方程式に従う量子過程は、常に確率を保存する。これが量子過程のユニタリー性である。このことによって、確率保存を破る複製過程は、ユニタリー性を遵守する量子過程にあっては不可能となる。

束の間の不整合への耐性

そのため、経験事実としての複製過程の拠り所は、ユニタリー性によらない過程となる。そこに登場するのが、物質内部で進行する観測である。観測は必ず対象を必要としながら、その観測によってもたらされるものは対象の忠実な複製とは異なる。観測の名において進行するのは、何らかの抽象である。しかも、それはあくまでも物質過程を介して実現される抽象となる。内部観測に由来する抽象を量子論に則して参照するなら、経験事実としての確率保存は確率保存を実現する過程から抽象された結果として位置づけられる。これに対して、量子過程が要請するユニタリー性は確率保存を維持する過程そのものであり、経験過程としては過大な要求である。経験過程のうちにあっては、持続する今において除かれるべき不整合、保存則の破れが完了形に凍結されない仕方で暫時棲みつくことが許容されている。持続する今には、時制や時間とは異なり、記述由来の不整合をしばしの間、耐え忍ぶという耐性が備えつけられている。それゆえ、この耐性は三人称現在形で記述される対象ではない。それは一人称行為体がともなう属性であるにとどまる。逆に時制や時間が、持続する今が示す耐性から抽象されてくる。内部観測が、その抽象を担う。

量子過程での確率保存において、その保存を確認するものが何であるのかは明らかにされていない。物理で認められてきた各種の保存則、例えば電磁場でのエネルギー・運動量テンソルに関する保存則においても状況は同じである。その代わりに容認されてきたのが、物理学を担う運動法則が座標変換などの、あるかぎられた変換に対して定まった対称性を示すとき、必ずそれに見合う保存量がある、というエミー・ネーター（一八八二―一九三五年）による「ネーターの定理」である。保存量が確かにあることが、「ネーターの定理」によって確認される。しかし、「ネーターの定理」は、保存量の具体的な値がいかほどであるかを明かしているわけではない。完了した記録の上では、運動法則の正当性と、それがともなう保存量の具体的な値のいずれもが確定するが、それを確定したのは記録を登録した物理学者ではない。外部観測者としての物理学者が行うのは、物質運動が確定した結果の参照と再確認である。物質運動そのものを確定するのは、物体としての内部観測体である。その確定をもたらす運動が保存則を実現する過程の根底にあって、当の運動を特徴づけるのは、その運動への反事実条件法の適用である（Deutsch 2013）。

6　反事実条件法からの肯定性

反事実条件法の適用の前提は、今この現在において保存則を実現する仕方は多様だが、事後には必ず、ある仕方で保存則が遵守される、という制約を是認することである。事前から見渡すことのできる事後は多であるが、観測された事後は常に一に限定される、という一対多の関係がそこに配されている。その背景にあるのは、何事も光速を超えて伝搬することはない、という物理的制約である。経験現象を物理学者が観測している最中に、遠方から想定外の信号が届いたとしても、その現象自体が保存則を破ることはない、とするのがその制約の意図するところとなる。ただし、この制約は個々の量子あるいは完了した量子絡みの内部には適用されない。量子あるいは完了した量子絡みの内部にあっては、運動はすべて同期しており、保存則も同期した仕方で実現している。この保存則の同期は、実験によってすでに実証済みである。保存則を実現する運動が進行する、という言い方は、そこでは明らかに形容矛盾である。その例外を除くかぎり、反事実条件法をともないながら、事後には必ず保存則を遵守するという抽象をもたらすのが、この保存則を実現する運動の含むところとなる。

これまで、物理学の運動法則にあっては、反事実条件法の介入はいっさい認められていなかった。初期・境界条件がひとたび確定されれば、運動が一意的に決定されるというのは、確かにそのとおりである。しかし、この方法論は、反事実条件法の介入がありえない、と論証しているわけではない。初期・境界条件が定まり、あまねく広く行きわたるなら、反事実条件法の介入は認められない、と宣言しているだけであって、定められた初期・境界条件がはたして反事実条件法の介入をいかなる仕方で排除しているのかは不明のままである。運動法則それ自体は妥当でありながら、反事実条件法を容認するなら、運動法則の運用の仕方に修正が求められる。

運動法則から分離される初期・境界条件が妥当なのは、運動が完了形で登録され、記録に移行した段階においてである。記録の上では、反事実条件法が有効となる余地は、もはや残されていない。そこでは、運動を可能とする条件とともに運動が確定している。この完了形に固有の確定性に接続される仕方で、今現在の運動が進行しつつある。事後に運動法則と初期・境界条件が確定していたと判定されるような仕方で運動が進行することになる。それが可能となるためには、運動が運動法則を遵守すべく、その境界条件が運動によって随時修正されることが求められる。これは、運動を運動法則とその初期・境界条件によって記述・分析するという方法論を採用したことからの必然的な帰結である。運動法則は妥当でありながら、過小決定のままでしかない。その運動法則に決定性を付与するのが初期・境界条件であって、当の初期・境界条件を決定する作業は運動としての経験の生成に委ねられる。

今現在は反事実条件法を容認しながら、完了形に移行したなら、反事実条件法が作動する余地はなくなる。しかも、初期・境界条件は事後において確かに確定される。さらに、方法論において運動法則と初期・境界条件の分離を認めながら、今現在における反事実条件法を容認するなら、実際の運動は運動法則に整合する仕方で初期・境界条件を修正する運動も含むことになる。その実例が、量子絡みをもたらす運動である。

運動法則は、その抽象において普遍的で妥当でありながら、運動が経験の場で示す具体性の起源は観測に求められる。運動が観測操作によって具体的に確定される初期・境界条件に従うというのは、運動体そのものが観測能をともなっていることの言い換えに相当する。運動体がともなうこの内部観測は物理学者が行う外部観測とは無縁だが、外部観測が内部観測と一致しているとみなされる場合にかぎり、初期・境界条件の設定・更改は外部観測者である物理学者に委ねられる。しかし、この外部観測と内部観測の一致は、経験世界のうちにあっては、達成することのできない一つの極限でしかない。

境界条件の設定と更改

ここで改めて境界条件の設定・更改が物質運動であることに注目するなら、それを司るのは内部観測であることが分かる。境界条件の設定およびその更改が不可欠であるのを経験することのいずれもが、具体化をともなう操作であって、運動法則が担うことになる抽象化された普遍性に抵触するものではない。運動法則が実際に適用されるのは、設定された境界条件が引き続き更改されるまでの束の間、境界条件がそれとして運動体によって同定されるかぎりでの束の間である。しかし、この束の間は間断なく繰り返されるため、実効的には時々刻々定められた境界条件のもとで運動法則に従う運動が進行するとみなされる。

この境界条件の設定と更改を量子論の枠内で捉え、それを積極的に化学反応に適用してみるなら、分子Aから出発して再びAに戻る、持続する反応回路が出現することへの見通しがさらに容易になる。今、境界条件の設定から更改に至る束の間にあっては、境界条件は反応系によってそれとして同定される。ある反応分子Aにとっての境界条件とは、Aがそれとして同定するAの反応環境のすべてを指す。そのため、状態AはAの環境状態に対しての状態であって、環境に対して相対的になる。量子論で状態が参照できるのは、状態をそれとして参照できる基準があるときである。しかし、その基準は絶対的ではなく、あくまでも相対的である。これはAがAの環境を観測し、それとして同定したことと同義になる。その同定の結果が、AからBへの変換である。しかし、変換運動はそれだけにとどまらない。Aに替わってBが出現したため、環境の変換も後続する。かつてのAの環境から新たに出現したBの環境への変換が継起する。ここにおいて、Aの環境からBの環境への変換は、AからBへの変換に同期していない。AからBへの変換に応じて生じるその周囲環境の変化は、瞬時ではなく、時間の経過を要する過程だからである。これは、Aにとっての境界条件を更改することによる、新たに出現したBにとっての環境としての境界条件への移行として位置づけられる。ここで再びBがBの環境を観測することで、Cへの変換が促される。これを繰り返すことで、振り出しであるAに戻る道が開けてくる。

分子Aから出発し、一巡して再びAに戻り、それを繰り返す運動が量子論に固有の運動であるのは、状態の設定とその観測が運動の根底に配されているためである。化学親和性はそれを先取りしていたことになる。

ここでの観測の働きは二重である。反応分子が観測・経験するその環境の状態と、環境が観測・経験する反応分子の状態という二通りの観測が進行している。しかも、この二つの観測は同期していない。反応分子Aから出発して、それがBに変換されたとき、反応分子にとっての環境は、Aにとっての環境からBにとっての環境に移行する。それがBにとっての新たな境界条件である。この新たな境界条件は、たとえ束の間であっても、その更改が猶予されている間、運動法則に課される境界条件として定着し、Bに対して満たすべき保存量の値を具体的に課す。それに応ずることが、BがBの環境を受け入れる要件となる。それを実現する一つの方途が、BからCへの変換である。ここに反事実条件法が介入する。そこで実現するのは、多様多彩な候補のうちから、最も速やかに保存量の更改に応ずるものとなる。それがBからCへの変換だとすると、それに後続するのは反応分子の環境のさらなる変換、すなわちBの環境からCの環境への変換であって、この連鎖はそれ以後、延々と続いていく。その一つの帰結が、反応回路の成立である。量子論が提供する反事実条件法への事前の参照を一方で認めながら、他方で事後に境界条件が確定するのを担っているのは速度過程である。量子論が熱力学と一体になるとき、確かに断熱過程は「早いもの勝ち」をもたらす速度過程を与える。

反応回路の出現に向けて量子論を積極的に活用しようとすると、反応回路を実現する条件の入り方が二重になる。反応分子にとっての条件はその環境によって規定され、環境にとっての条件は対象となる反応分子によって規定される。この相互に条件づけ合う関係にあって、反応回路が実現されるというのは、反応分子のみならず、反応を可能とする条件までもが、回路を一巡することによって、一巡前の条件と相同のものに戻ることを指す。これは、回路を一巡することで、同種の分子を再生すると同時に、反応条件を再生することも含む。それは事後確率と事前確率とも呼ばれる尤度《ゆうど》との間に、新たな一つの関係を与えるだろう。

7 持続を担う条件付き確率

ベイズの確率論によれば、ある事実が判明しているという条件下で、ある仮説が正しいとする事後確率あるいは条件付き確率は、ある仮説が正しいという条件下で、ある事実が生じるとする尤度と、個々の事象がそれ自体だけで生じるとする事前確率によって表現される。この推論の中核を担うのが尤度である。尤度は、見かけ上、ある仮説が正しいという条件下で、ある事実が生じるという条件付き確率として解釈される余地をともなう。それがベイズの主観的確率である。しかし、この解釈は併せて大きな課題もともなっている。ある仮説が正しいという条件を設定し、それをそれとして認めるのはベイズの主観でありながら、物質過程のうちにあって、何ものがベイズの主観となりうるのかという問題は、いまだ解決されていない。ベイズの主観的確率を量子論に積極的に適用しようとするQ

B主義にとっても、その未解決は依然としてそのままである。その中にあって、反応回路の出現は懸案事項に対して例外的な一つの解決策を与える。

反応回路を一巡することによる同種の反応分子の再生は、その反応条件の再生と等価である。そのため、反応条件の再生が成り立つという条件下で反応分子が再生される条件付き確率と、反応分子が再生されたという事実が判明している条件下で引き続き反応分子の再生条件が整うという条件付き確率は、いずれも1になる。ここにおいて、反応分子が再生されたという事実は外部観測による同定で可能になるが、反応分子の再生条件をそれとして同定するのは、新たに再生される、内部観測体としての反応分子である。それが仮説から事実を推論するベイズの主観の役割をも担うことになる。ベイズの主観は、ここではあくまでも内部観測から派生する。

内部観測からベイズの主観が導かれるのは、それが予期をともなうことによる。反応分子の状態設定において、それにとっての境界条件である環境状態から課される保存量の充足が、反応する分子状態がともなうことになる予期である。この予期が発生するのは、分子状態とその環境状態が相互に相対的に、かつ互いに同期することなしに決定されることによる。その相対化を可能にする基準が、束の間であっても維持される保存量であり、しかもその間、保存量の値は具体的に確定しているとされる。反応回路にあっては、少なくとも反応が回路を一巡する間に保存される、循環物質の個としての同一性が、その相対化の基準を提供する。これは決して生命現象を前提とした上で行為体や主観を導き出したものではない。もちろん、生命現象は経験事実を参照するかぎり、多様多彩な反応回路を活用してはいるが、反応回路そのものの出現・維持は生命を前提としていない。一人称行為体からいかにして量子論が立ち上がるか、という問いから生まれてきたのが、反応回路である。この一人称行為体とは物質に由来する観測体の謂いであって、量子論を担うのが観測過程であるという反転がその背後には控えている。

自己複製機械

反応回路を支えるのが量子論であり、量子論を支えるのが観測過程だとするなら、それは経験過程として自然な流れである。それが自然であるとは、抽象から経験をもたらす作為を可能なかぎり排除していることを指す。一方、分子の複製をともなう反応回路の出現を古典論に求めようとすると、途方もない困難に遭遇する。古典論は物質が観測能を持つことを容認しない。にもかかわらず、古典論の枠内でそれをあえて試みたのが、フォン・ノイマンによる自己を前提とすることをしない自己複製機械だった（von Neumann 1966）。

自己複製機械に求められるのは、記述、複写、制御、工作の四部門が統合された機械である。その手本は生物における自己増殖である。目下のところ、制御部に注目しつつ、それから生物に対抗しうる自己複製機械の製作には至っていない。古典論の枠内で複写を想定することは原理的に可能でありながら、物質現象を支える量子論にあっては、複製不可能定理が示すとおり、複写は原理的に不可能である。また、生物における自己増殖にあっても、文字どおりの複写は必要としていない。生物を構成する反応分子では、DNAがそうであるように、リボゾーム内でのDNA合成は複製ではなく再生である。再生されたDNAと再生前のDNAの違いは、DNAを構成する基質の違いである。再生においては、DNAを構成するヌクレオチド単量体のあるものが同種の別の個体に置換される、ということが発生する。DNAの再生を可能にする反応回路の類カテゴリーとしての同一性を保証するのが、回路内に暫時とどまることのできる、具体的な個としての循環物質である。

物質界に、類カテゴリーを個別具体に接続する運動がひとたび現れたなら、物質運動それ自体が新しい局面を迎えることになる。古典論は、抽象された普遍性である運動法則をそれとはまったく異なる具体的な初期・境界条件に接続し、その間にいささかも不都合や齟齬が発生しないことを建て前として要求する。運動法則は境界条件の設定にいっさい干渉しない。同じく、境界条件も運動法則に干渉しない。ところが、量子論では事情が異なる。対象とする物質運動のうちに、個別具体でしかない個から普遍性をともなう類カテゴリーを抽象するものが現れてくる。物質運動として識別と意味参照の二つの機能をともなったものが、ここに登場する。識別は対象の類別であり、意味参照はある類に属する個の具体的なありように関係している。

量子論とインフォメーション

対象の識別と意味参照をこれまで主たる関心事としてきたのは、「インフォメーション」と称される現象においてである。事実と反事実の識別は、クロード・シャノン（一九一六―二〇〇一年）による通信理論の枠内で伝送路のチャネル容量、符号化、誤り訂正符号に対応するとき、「ビット」と呼ばれる量が基本的な述語になることを明らかにした。違い（述語）をもたらす違い（主語）(Bateson 1972)、というグレゴリー・ベイトソン（一九〇四―八〇年）による簡潔な要約に従うなら、シャノンのインフォメーション・ビットは、述語に配された違いを規定する基本用語の要件を満たす一つの典型例となる。

確かに、それは通信伝送路の数学理論にとって有効に機能する分析用語である。一方、関心を主語としての違いに向けると、事情は一変する。ビット単位で表された同一の容量を持つ伝送線路を設置する際、いかなる素材の伝送線を設置するかは設置者に委ねられる。主語は、必ずそれを設定した行為体・作用体を前提とする。数学者も、物理学者も、もちろん行為体であるが、行為体はそれだけにかぎられていない。いかなる行為体であれ、それが設定する違いは意味作用をともなう。その違いが当の行為体にとって有意義であるか否かの判定が、その意味作用を担う。

違いをもたらす違いは、行為体にそのままで直に宥和させるのが困難な二つの事態を引き起こす。一つは行為体内部に発生した違いを経験することで行為体に生じる違いであり、もう一つは行為体外部で発生した違いを経験することで行為体に生じる違いである。しかも、「違いをもたらす違い」をもたらす違い……という際限のない連鎖がインフォメーションには避けられなくなる。この連鎖をたどることによって、インフォメーションには単にビットに帰着されることにならない述語を含むに至る。

ここに新たな課題が生じてくる。はたして、対象の分析を可能としながら、併せて対象そのものの綜合も担うインフォメーションの意味作用を物理に、あるいは量子論に着地させることができるのか、という問いがそれである。

第Ⅴ章

インフォメーション——抽象から具体へ

直接目的語と間接目的語

「インフォメーション」と称される対象は、まともに分析しようとすると途方もない困難に遭遇する。そうでありながら、「インフォメーション」なる用語は、哲学のみならず、経験科学、さらには日常生活においても、なに不自由なく用いられてきた。しかし、インフォメーションの抱える基本的な問題に目を向けると、その守備範囲があまりにも多岐に及ぶため、それらを意味ある仕方で統合する目途は容易にはつけがたい（Capurro, Fleissner, and Hofkirchner 1997）。

例えば、ある著者が最近ある出版社から野心的な著書を出版し、その出版社に「？」とだけ記したメッセージを送ったとしよう。その意図している内容は「本の売れ行きはどうか？」である。これに対する出版社からの返答が同じく簡潔な「！」であるなら、それは「売れ行き上々！」と解される。このきわめて短いメッセージ交換が当事者にとって有意義だったとするなら、その前提は、有意義であるということがいったいいかなることを意味しているかを詮索することなく、当事者がそれぞれ有意義な仕方でメッセージを受け取ったという事実である。

有意義なメッセージ交換のもう一つの極端な事例は、バクテリアの走化性である。枯草菌（バチリス・サブティリス）は、無機塩などの忌避物質が存在する環境下で、その濃度勾配が上昇する方向を感知あるいは検知すると、体を何度も回転させて、その方向に向かうのを回避する（Ordal 1976; Eisenbach, Constantinou, Aloni, and Shinitzky 1990）。このバクテリアの走化性を支えているのは、忌避物質の濃度上昇を歓迎すべからざるメッセージとして受け取ることのできるバクテリアの受容能力である。この能力は併せて、グルコースなどの誘引物質の濃度勾配が上昇する方向の検知を歓迎すべきメッセージとして受け取ることのできる能力も含んでいる。

この二つの極端な事例から判明するのは、「インフォメーション（information）」という用語は、他動詞「通知する（inform）」の名詞化したもの、あるいはそれが「通知すること」という現在分詞に転じたもの、というすり替えを背景としている。さらに、インフォメーションは誰かに何かを通知するという操作を前提とするため、直接目的語「何かを」に加えて、間接目的語「誰かに」の参入も当然視する。ここでの直接目的語は、通知するという作用において通知そのものを可能にする媒体を指し、間接目的語はその直接目的語が割り当てられる相手方としての与格を指す。例えば、「時間」という語を直接目的語に配するとき、与格は「時間を」経験する、その経験体である。インフォメーション現象は、直接目的語の資格をともないつつ、それとして受け入れられるものとしてのメッセージと、それが間接目的語としての与格において受け入れられることの二つから成り立つ。ここで問われているのは、受け入れられるものと受け入れることの二つがどのようにして可能になるのか、である。

インフォメーションが直接目的語を間接目的語である与格に関係づける運動だとすると、運動を参照する際の基準としての時間の参入が不可欠になる。運動を参照する基準としての時間は、運動そのものに時間を課すことができることを当然視する。これは哲学ではなく、あくまでも経験科学の上でのことである。運動体は時計の針の動きと相関することによって時間の与格となる。このことは時間の与格が運動そのものだと宣言していることにほかならない。与格は直接目的語の受け入れを当然視する。

時間の絶対化

この時間の与格への注目は、現行の物理に何ら支障をもたらすものではない。時間の一様・均質な流れを受け入れる古典力学は、すなわち一様・均質な時計の参入を是認する古典力学は、質点がその時計を読み取ることのできる、時間の与格であることをはじめから当然視する。これ自体は、古典力学に先立つ紀元二世紀に編纂されたアルマゲストのプトレマイオス（八三頃─一六八年頃）の恒星時においても、すでに明らかである。現在でも依然として通用する恒星時は、現実には、地球から眺めることのできる、あるかぎられた恒星が天空で示す、互いの相関運動から抽象されたパターンに関する一つの定量指標である（Barbour 2009）。しかも、この抽象はプトレマイオスあるいはわれわれが行ったものであるため、与格がその時間をいかに抽象したのか、という問いは無用になる。プトレマイオスにとっての時間は、時間そのものではない、何か別のものによって指し示され、抽象された一つの指標である。そうでありながら、『プリンキピア』でのニュートンは、さらに進んで、抽象そのものを無用とし、一様・均質に流れる時間の絶対化をはかった。特殊相対論にあっては、時間は採用される座標系に対して相対的になるが、光速の不変性に基づくローレンツ変換不変性を遵守することにおいては絶対的である。古典論が標榜する絶対性は、そこでも無傷である。

プトレマイオスの恒星時に倣う仕方で導入されたニュートンの絶対時間にあっては、その共有によって多数の運動体が示す同時相関が保証される。しかし、スカラー量である時間がその多数の運動体の間でいかにして共有されるに至ったのか、という問いは手つかずのままである。すべての運動体がそれらに共有される絶対時間の流れの上に乗って現れるのであれば、可能となる時間の与格の各々に、共通する同期時間を課すことは宣言によって可能となる。そのため、それぞれがいかにして時間の与格になりうるのか、という問いは無用のものにされてしまう。実際、運動が完了形で登録された記録に化してしまえば、その記録のうちに、さらなる時間の与格は存在しえない。経験科学では当然視されているように、三人称現在形で参照される観察命題にあっては、それがいかなるものであれ、未充足のままとどまる時間の与格はもはや存在しえない。観察命題は、その記述の成り立ちにおいて、変わることのない時制である現在形の遵守をあらかじめ想定しているからである。

例えば、現在形で示された多変数から成る連立の運動方程式は、どの現在時制にあっても、その多変数がいかに相関しているのかを同期させた上で確定する。しかし、この相関の時々刻々での同期確定はあくまでも拠って立つ方法論に由来しており、時間の与格の参入が無用であることを保証しているわけではない。その根底に控えているのは、時間が流れるとする仕組みとその流れる時間を経験する、その与格に物質基盤を具体的に保証するものは何か、という問いである。この問いは、三人称現在形の記述を遵守する理論命題の定立にあっては起こりえない。三人称現在形という時制の保証を三人称現在形の記述に求めることはできない。加えて、三人称現在形の絶対視は絶対ではない。

1 時間の与格

時間の与格を確保するために求められるのは、今現在という時を刻する作用に対する受容性である。この「時を刻する」という作用は、以前と以後を識別する他動詞の活用において明らかになる。他動詞は進行中である他への働きかけと、完了した他からの働きかけを区別する。そのことにおいて、他動詞は進行形と完了形の識別と、この異なる二つの時制の統合の機能を併せ備える。ただし、この識別と統合を同じ現在形で遂行することはできない。進行形はいずれ完了形に移行する対象を含むため、進行形そのものは時間に関してまだ充足されていない与格を含む。ところが、他に働きかけることのない完了形にあっては、かつて刻された現在時が、それ以後のどの現在にあっても、そこに居続ける。ひとたび完了形で充足された時間の与格は、不変のまま、そこにとどまることになる。

われわれが定立を三人称現在形で試みるかぎり、そこで進行形と完了形を識別・統合する他動詞の参照が避けられないとすれば、守護される定立は完了形にかぎられる。現在形にあっては、その成立ちゆえに、時間の与格はその方法論において充足されたものとして捉えられており、改変される余地は皆無である。他方、完了形にあっては、ひとたび充足された時間の与格は、そのままとどめおかれる。そのため、経験科学がそこでの三人称現在形での定立をすでに完了した観察命題に限定するのは、妥当なことである。翻って、理論科学あるいは哲学において他動詞を含む三人称現在形の定立が避けられないとすれば、時間の与格が含む内容に関して、収束するか否かが不明な試みに足を踏み入れることになる。

ここにおいて、一階述語論理に基づく数学は、理論体系の模範例でありながら、時間の与格に留意するかぎり、例外的な地位を占める。一階述語論理は、時制をともなわない論理である。そこでは、ある対象、あるいは、すべての対象という量化を主語にのみ求め、述語に量化を求めることはしない。そのため、一階論理で証明される理論命題あるいは数学命題に、異なる時制をまたぐことのできる他動詞が含まれることはない。他動詞を含めると、述語の量化も避けられなくなるからである。

無時制の数学論理は、三人称現在形に忠実な定立をもたらす。同じく、三人称現在形に忠実な物理論も無時制である。一方、ここにおいて時を刻することに関心を向けるなら、三人称現在形の記述に忠実であり続けることはできなくなる。ここで時制と時制の変換をまともな主題として取り上げるなら、物質運動において時間の与格を担うのはいかなるものなのかを明かすことが求められる。その基本は、メッセージとその与格の関わり合いにある。与格においてメッセージの受信がまさに進行しつつあるとき、それは受信の完了とは明白に異なる。そうでありながら、当の与格は進行を完了に接続する今現在において、異なる時制をまたぎつつ、与格であることを堅持する。この異なる時制をまたぐ運動に関心を寄せた先駆者は、物理学者ではなく、哲学者だった。

哲学者の時間論

現在進行形を現在完了形から識別する時としての今現在は、いつの今現在でその識別がなされようとも、その識別を実施する質において共通する。違いは、それぞれの今現在が担うことになる個別具体に関わる内容である。どの「今」も、ある観点から見れば同じだが、別の観点から見ればすべて異なることに留意したのは、アリストテレス（前三八四―三二二年）である（『自然学』第四巻、二一九b）。この曖昧な優柔不断さは、時間の流れを統括する他動詞から派生する名詞の同一性を毀損するように見える。主語となる「今」は、ある不変の同一性を維持しているはずだが、互いに矛盾し、両立しない属性を抱え込むようになると、名詞としての「今」の存立が危うくなりかねない。この窮地から脱出するためにアリストテレス（『形而上学』第九巻、一〇四八b）によって考案されたのが、現在形で参照される現実態としての「テロス（目的因）」である。このテロスを参照するなら、今現在においても進行形と完了形の不一致は解消されるとするのが、その理由づけである。しかし、この方策は無謬ではなかった。テロスなるものが物質運動において不要であり、説得力を持たないことが、ガリレイの自由落下運動の実験によって明らかにされたからである。にもかかわらず、テロスなるものを持ち出してきた動機の部分、すなわち進行形と完了形の乖離とそれに対する懐柔策は、二一世紀の今現在にあっても思案の途上にある。

その手詰まりの状況を簡潔な仕方で改めて言い直したのが、二〇世紀初頭のジョン・マクタガート（一八六六―一九二五年）だった。その要点は、以下の引用に示されているように、異なる時制をまたぐ事柄を現在形という時制に限定して記述することの困難を指摘することにある。

問われているのは、一つの奇妙な事態である。私が今ここで書いているこの論文は、過去、現在、未来の三つの様相を等しく持っている。書いている現在は、かつては未来のことでありながら、あとになって眺め直すなら過去のことになる。しかし、過去は過去に生じたことを参照しているのであって、現在を参照しているのではない。未来は未来に生じることを参照しているのであって、それは過去とも現在とも異なる。とするならば、現在はかつての未来であり、あとになると過去になるという言い分は、現在は現在、その現在は過去にあっては来たるべき未来、未来にあっては過ぎ去った過去になるということである。これは、まさしく悪しき循環論法である。現在・未来・過去にそれぞれ現在・過去・未来の属性を課すのは許されることではない。

(McTaggart 1908)

同じ趣旨の指摘は、四世紀末から五世紀にかけて活動したアウグスティヌス（三五四―四三〇年）にも認められる。「時に過去と未来があるなら、私はそれがどこにあるのかを知りたいと思います。加えて、まだそれを成就していないとしても、私は現在があるような仕方で未来と過去があるのではないことを知っています。というのは、時が未来であるとき、その時は今現在には存在しないからです。過去についても同じことです。時が過去であったとしても、過去の今現在にはもはやいないからです。時はどこであれ、それが何であれ、それがあるのは今現在でしかないからです」（『告白』第一一巻第一八章第二三節）。要約するなら、経験という行為が可能なのは、現在あるいは今日に固有のことであって、その予期は未来や明日に固有であり、その記憶は過去や昨日に固有である。そのため、「昨日にとっての明日は今日である」という言明を認めるなら、それは予期の記憶から経験をもたらすという理解不能な言明をもたらす。過去・現在・未来の属性は、それぞれ定性的に異なる。そのため、三つのうちどれか一つの属性を他の一つの属性に同化させることはできない。この両立しがたい状況に鑑みて、マクタガートは時を過去・現在・未来の時制で識別するという慣行を糾弾した。

言語と時間

マクタガートとアウグスティヌスのいずれも、時と時制の間の不整合を指摘しながら、言語の使用の仕方で発生した不都合を言語で批判する、という構図をとっている。この批判の構図は、理論科学や哲学では広く採用されていながら、決定性を欠く。批判される言語の使用法と批判するための言語の使用法を識別する確たる方法を同じ言語のうちに見出すことができないからである。言語の使用の仕方への批判を徹底させながら、それでもなお肯定されるべき定立を発見する、という方策は採用されていない。ここにおいて、経験科学がその威力を発揮する。経験現象において時制の変換が明らかになるのは、進行中の運動が完了形で登録される記録に変換されるところにおいてである。ここで明らかになる識別は、言語に由来する過去・現在・未来の間の識別ではなく、経験という運動に関する現在進行形と、それを区切る現在完了形の間の識別である。運動を完了形で記録するという肯定行為から派生する識別である。時制の変換をもたらす主題は、経験のうちに見出される。それが現在進行形から現在完了形への変換である。現在進行形と現在完了形は異なる時制でありながら、二つの間には独特な親和性が作用している。進行形から完了形への変換が単発ではなく継続するのなら、進行形はかつての完了形によって引き込まれることになる。この引き込みという親和性が働かなくなると、完了形に変換されるはずの進行形は、たちどころに枯渇してしまう。

現在完了形を現在進行形で更改する今現在を主題とすることの困難は、名詞としての今現在の同一性を完了形と進行形の断絶の間でいかに確保するか、という問いに遭遇したとき明らかになる。この点に関するマクタガートの時制批判は、その見かけにおいて妥当でありながら、それぞれの今現在の具体的な内容をその瞬間に生起する事象の内容と同一だとするという限定の上に立っている。しかし、瞬間が具体的な事象であることの保証は提示されていない。このことは、瞬間の継起ではなく、時の流れそのものに具体性の起源を求めることを促す。

時の流れを記述する

時の流れそれ自体を存在の科学と称される営みの枠内における主題として取り上げた哲学者に、マルティン・ハイデガー（一八八九―一九七六年）がいる。時の流れに固有の特徴とは、時は絶えず流れ去りながら、流れ去る時が常にあることに認められる（Heidegger 1969）。時はいつも流れ去りながら、消えてなくなることはない。現行の経験科学の枠内では受け入れがたく見えるハイデガーのこの言明にまともに立ち向かおうとするなら、その試みを可能にするための参照基準が必要になる。その基準の候補は経験事実を措いて他にない。

ハイデガーが先行するアウグスティヌスに倣って、われわれの注意を喚起した相手方とは、今現在に関わるアリストテレスの言明である。今現在は、ある観点をとれば、そのすべてが同一に見えながら、別の観点をとれば、すべてが異なって見える。求められているのは、「流れ去る時が常にある」という言明を経験的に検証可能な観察命題に翻訳し直すことである。ここで、もし時の流れが経験現象のうちから自生するとするなら、その流れを生み出す基体が、併せて時あるいは時間の与格になる。基体は、流れを生み出すと同時に、その流れをも経験するからである。それに求められるのは、物理学者自身とは異なる物質由来の与格であって、絶えず流れ去る何ものかを経験しながら、それ自体は同一性を保ち続ける何かである。しかも、その何かは、経験的に、あるいは、さらに可能なら実験的に検証されるべき対象となる。その候補が、進行形を絶えず新たに引き込むことができる完了形の担い手としての与格の物質化である。時の流れへの与格の物質化は、インフォメーション現象の物質化への欠くことのできない前段として位置づけられる。物質化され、同一性をともなう与格は経験からの抽象でありながら、その抽象は経験を成り立たせる個別具体の生成・更改に絶えず関わり続ける。

2 時の流れとその同一性

物理における運動論の範例としての古典力学で想定される時の与格は、きわめて特異な地位を占めている。そこで与格の資格を負うのは、特異な生物種としてのわれわれである。星座が示す相関運動を時の流れに関連づけるのは、われわれの認知を司る脳である。古典力学は生物現象から派生することになる。

同じことが、理論科学の範例としてのユークリッド幾何学にもあてはまる。われわれは幾何学における点や直線がいかなるものであるかについて理解の仕方を共有できると想定するが、その共有される理解に達するまでには、それぞれの脳において膨大な神経処理がなされているはずである。ここでひとたび、その神経処理とはいかなるものかと問い始めると、収拾がつかなくなる。

時間・空間は、いずれもわれわれの先人が途方もない経験の蓄積から抽象した何かであって、われわれはその占有を特権化しようとする。しかし、このことは、われわれが物質界あるいは生物界にあって特権的な地位を占めることを保証していない。特権的であることを欲しても、かなうものではない。その端的かつ卑近な例は、無脊椎動物であるトンボがまわりを漂っている蚊を捕食する現場にも認められる（Mischiati, Lin, Herold, Imler, Olberg, and Leonardo 2015）。トンボは標的となる蚊の飛行路を予測して、トンボにとって最短時間で蚊と遭遇できる空間点を割り出し、その目的点に向けて飛び出していく。もちろん、トンボや蚊が、われわれが抽象によって獲得した時間・空間をその認知のうちに備えているか否かは不明である。しかし、われわれによる時間・空間の抽象を可能にした相手方である対象を観測し、経験することにおいて大きな差はない。蚊がわれわれの温かさを感知し、やわらかい腕の皮膚の上から今まさに血液を吸い出そうとしているとき、空いているもう一方の手でその蚊を叩き落とそうとしても、間一髪で逃してしまうことはたびたびある。われわれが時間・空間と称する対象に対峙している当の蚊は、その対処の仕方において、あるいは今現在の経験の仕方において、少なくともわれわれと互角である。

ここで改めて時の与格を取り上げてみると、それは可変を経験する、持続する基体であることが分かる。経験されるのは直接目的語に配される具体的な対象であり、それを実際に経験するのが間接目的語に配された与格である。そのため、直接目的語を担う物体と間接目的語を担う物的担体に着眼すれば、時間あるいは時というすでにわれわれに固有の抽象に過度に頼ることなく、時の与格に接近する可能性が開けてくる。この観点に立つとき、与格は直接目的語をみずからに引き寄せるという誘引性をともなう。われわれは他動詞を含む言明を三人称で草するとき、そこに現れる間接目的語に対する誘引性を、当然のこととして認め容れる。われわれが強引に親和性を課しているのではなく、間接目的語のほうからおのずと誘引性が発揮されると考える。これは、観測体が観測対象を経験する、あるいは受け入れる、という意味である。

ここにおいて、一つの刮目すべき転回が生じる。われわれの言語慣習に従って、ひとたび間接目的語としての与格に名詞をあてがうなら、それは名詞として独立し、主語にすらなることができる。そして、「通知する」という他動詞の受け手である与格「通知される」側に名詞をあてがった典型例が、インフォメーションである。このことが「通知する」という他動詞の名詞化の背景にはある。この名詞としてのインフォメーションは、直接目的語に無関心を装うのではなく、それを受け入れるという能動作用をともなう。これは、経験科学において勝手に能動作用体を持ち込んではならない、という禁制に抵触するものではない。図らずも能動作用が持ち込まれたのは、経験現象を記述するのに他動詞の参照・引用が避けられなかったためである。

与格の主格化

経験は常に経験することと経験されるものの対比をともない、対象としての経験することは、そこでは経験されるものの与格に位置づけられる。経験されるものは経験できるものに経験をもたらす。

その与格である経験することを主語に置くなら、受動からの綜合・統合が可能になる。インフォメーションなる現象を経験科学に取り込むことは、経験の場で他動詞が正当に機能することの容認を招き入れる。そこでは、間接目的語としての与格が直接目的語に及ぼす親和性を当然視する。ここで問われているのは、与格の名詞としての独立化がいかにして可能になるのか、である。その受動的綜合という能動作用をともなう名詞の出現は、与格の主格化から派生してくる。

与格が主格になるなら、その主格が新たな進行形の担い手となり、その進行形を誘引するさらなる与格の出現が目論まれる。この連鎖を繰り返すことによって、完了形が進行形を引き込むという親和性が継続して発揮されるに至る。この絶えることのない進行形の引き込みから時の流れが抽象されてくる、という新たな見込みがそこに生じてくる。

与格の主格化を示す典型例は、生物界に広く行き渡っている細胞内小器官ミトコンドリアにおけるクエン酸回路の運転である。ミトコンドリアは解糖系で生じた中間代謝産物であるピルビン酸分子をそれ自身にとっての資源として受け取り、クエン酸回路をまわる化学反応の連鎖を通じて、それを二酸化炭素と水分子に分解する。さらに、その分解によって解放されたエネルギーをリン酸結合のエネルギーに変換し、それをATP分子の産生に使う。産生され、エネルギーを蓄えたATPは、生物体内のあらゆるところに運ばれ、そこで必要とするエネルギーの供給源としての機能を果たす。

ピルビン酸は炭素を三つ含む簡単な分子である。それはメチル基、カルボニル基、カルボキシル基が直線状に結合したカルボン酸分子である。クエン酸回路にあっては、ピルビン酸から分離されたアセチル基、すなわちメチル基とカルボニル基が結合したものが回路に入り込み、回路を構成するオキサロ酢酸と結合してクエン酸を生成する。オキサロ酢酸はカルボキシル基を二個含む、炭素四個から成るカルボン酸分子であるため、クエン酸はカルボキシル基を三個含む、炭素六個から成るカルボン酸分子となる。ここで新たに合成されたクエン酸に付加されるアセチル基由来のカルボキシル基は、クエン酸分子中ではメチレン基に結合している。このメチレン基は、付加されたアセチル基由来である。それに対して、もともとオキサロ酢酸についていた二個のカルボキシル基のうちの一個は、クエン酸分子中では、もはやメチレン基に結合していない（Buchanan, Gruissem, and Jones 2000）。

メチレン基についていない、あるいはカルボニル基か、メチン基を介してカルボニル基についているカルボキシル基は、メチレン基についているカルボキシル基に比べて脱炭酸を受けやすい。言い換えるなら、メチレン基に比べて、カルボニル基のほうが電子吸引性が高い。この電子吸引性は、カルボニル基由来の酸素原子の強い電気陰性度によるものである。そのため、このメチレン基についていないカルボキシル基の一つは、クエン酸がアコニット酸、イソクエン酸を経てアルファ・ケトグルタル酸に変換されるとき、酸化をこうむり、二酸化炭素として回路外に放出される。さらに、オキサロ酢酸分子中のメチレン基についていた、もう一つのカルボキシル基は、ここで変換されたアルファ・ケトグルタル酸中では、もはやメチレン基についていない。そのため、このカルボキシル基は、アルファ・ケトグルタル酸がコハク酸に変換されるとき、脱炭酸を受け、二酸化炭素として同じく回路外に放出される。コハク酸はカルボキシル基を二個含む、炭素四個から成るカルボン酸であるが、直近のアセチル基由来のメチレン基とそれについているカルボキシル基は相変わらずそのままである。そのカルボキシル基は、コハク酸がフマル酸、リンゴ酸を経由し、回路を一巡してオキサロ酢酸に戻るとき、メチレン基を外れて、新たにカルボニル基と結合する。このメチレン基を外れたカルボキシル基は、回路の二巡目の反応で脱炭酸を受け、二酸化炭素として回路外に放出される。

加えて、オキサロ酢酸に付加されたアセチル基由来のもう一つの炭素は、メチレン基として回路に入り、二巡目のオキサロ酢酸に入るところでカルボニル基に変換されて、三巡目のオキサロ酢酸のところでメチレン基に、さらに四巡目に入るところでようやくカルボキシル基に変換され、その四巡目に脱炭酸を受けて、二酸化炭素として回路外に放出される。そのため、クエン酸回路を構成する炭素原子は、すべて四巡目を終えるまでに新しい炭素原子と入れ替わる。

クエン酸回路の特徴は、回路中のオキサロ酢酸が回路外に見出されるアセチル基に対して示す化学親和性にある。この内から外に向けて発揮される親和性は、決して物質を超えた能動性によるものではなく、あくまでも物質に基づく親和現象のままである。

機能の同一性を担うのは何か

クエン酸回路は生物にとって欠くことのできない反応回路でありながら、生物が発見した反応回路ではない。また、ミトコンドリア中のクエン酸回路は脱水素、脱炭酸の反応を促進するための生物由来の酵素を併せて備えているが、回路を循環する炭素置換反応はあくまでも化学由来である。その反応回路の同一性は、絶えず新たな個々のアセチル基を回路外から取り込み、それを経験し、取り込まれたアセチル基中の炭素原子を二酸化炭素中の炭素に変換したあと回路外に放出する、という抽象機能の持続する同一性である。そうすると、機能の同一性を担うのは何か、という問いが執拗に後続する。

この問いが避けられなくなるのは、われわれが言語を用いているからである。「それは何か」という問いは、問われている対象が何らかの抽象を含むかぎり、どのような場面でも可能である。問われているのは、同一性を担う名詞そのものである。しかも、この問いが実効的に収束するのは、同一性を担う名詞が不変の個別具体を参照するに至ったときである。個別的で不変のものに達したとするなら、さらに遡ってそれを詮索する要は消失してしまう。これをクエン酸回路にあてはめてみると、回路の機能同一性を保証する不変で個別具体の対象は、暫時、不変にとどまる循環物質である。それが、回路に入り込むアセチル基由来の炭素原子である。世代交代を受ける循環物質は、先代が遺した履歴をそれぞれの今現在において踏襲・再生する運動の指標として機能する。

クエン酸回路を具体的な典型例とする反応回路は、個々の反応分子に加えて、記述由来の抽象も含む。物質現象が抽象を含む、というのはいかにも奇異な言い回しだが、われわれによる抽象、すなわちクエン酸回路の同一性をわれわれが認めることが妥当なら、その抽象が個別具体的な物質現象によって裏打ちされていることを表す。構成単位である炭素原子が絶えず新たな炭素原子に交換されながら、クエン酸回路の作動が持続するのなら、それを持続させているのはクエン酸回路そのものである。われわれにとってのクエン酸回路は持続する類・クラスを表す記述由来の抽象だが、物質現象としての持続するクエン酸回路を担う運動は、絶えず新たに個別具体を経験することのできる抽象をもたらす。その運動の特徴は、持続する抽象運動の維持である。そのわれわれが運動由来の持続する抽象に遭遇することになる最も典型的な事例とは、時の流れにほかならない。

3　抽象から具体をもたらす時の流れ

時の流れは、一方において可変であることが避けられない個別具体を、他方において不変で、かつ普遍な抽象に接続することを持続的に行う。そのため、かつての抽象の結果が絶えず新たな個別具体の経験に立ち向かう。これは、これまで物理科学ではなじみとしてこなかった運動である。物理における運動法則は恒存が建て前で、持続するか否かの検証を要する対象とはされていない。運動法則で参照される時間は、経験の対象ではなく、経験を参照する際の不可侵の基準として位置づけられ、その基準に則った仕方で理論が構成されてきた。その超越的な不可侵性が、経験事象としての時の流れでは破られる。時の流れにあっては、具体から抽象に向かうなら不変にとどまる普遍に到達するが、抽象から具体に向かうなら可変に達する。その経験事例は、人間の脳が行う視覚と視覚の想起との違いに認められる。

視覚野に関わる後頭葉、頭頂葉、前頭皮質の相互関連において、流れる電気信号の方向は、視ることを直接に経験するときには後頭葉から頭頂葉へ、像を想起するときには頭頂葉から後頭葉へ、であることが判明した（Dentico, Cheung, Chang, Guokas, Boly, Tononi, and Veen 2014）。想起とは、抽象から具体への変換である。われわれの精神は、意識しながら具体からの抽象を経験可能にするが、その反転過程である抽象に個別具体を経験させることを直接意識下に置くことをしない。だからといって、抽象に個別具体を経験させることが経験世界ではかなわないということにはならない。われわれの精神の意識に現れるより前に、抽象に個別具体を経験させるという反転の可能性は排除されていない。時の流れは、その反転をまともに取り上げる。頭頂葉から後頭葉への電気信号の流れは、時の流れの反転を示す例証となる。

その背景にあるのは、時の流れというのは自動詞「流れる」、他動詞「流す」のいずれを指すのか、という問いである。これまでの物理科学では、その独自の方法論によって、時の流れは自動詞「流れる」を指すとされてきた。その最大の利点は、関心を寄せる物理系の状態のすべてを同期した仕方で確定し、記述することができれば、その状態の運動は自走する時の流れの上に乗って現れる、とする点に認められる。これが物理学における運動法則である。しかし、この刮目すべき成果にもかかわらず、それは時の流れを自動詞に限定することを保証してはいない。その具体的な反例の一つが、後頭葉と頭頂葉の間の電気信号の流れの反転現象である。電気信号の流れが時の流れの一つの具体的な現れだとするなら、その流れの方向の反転を許容する作用体がどこかに温存されているはずである。そこに、他動詞「流す」を許容する余地が生まれてくる。

われわれが外界にある何かについてのイメージやシンボルを想念するとき、それはその何かからの抽象の結果でありながら、その元となった個別具体に接近するための手段にもなる。その試みにあっては、想定されたシンボル間の論理的な必然の成り行きを、シンボル化される以前の物事による自然な成り行きについてわれわれが持つイメージに一致させる、という慣行を古典論は尊重してきた。抽象化された運動の結果を運動結果からの抽象に一致させる、という作為を古典論のうちに見抜いたのは、一九世紀末のハインリヒ・ヘルツ（一八五七―九四年）である（Hertz 1899）。この作為は、思考によるシンボルの論理操作の結果は外界にある物事の成り行きと一致するはずである、という信念の現れである。その信念を支えるものは、われわれが選択した慣行以外には見当たらない。しかも、その慣行を保証する術をわれわれは持っていない。このきわめて抑制された形で示されたヘルツの諦観は、古典論の枠にとどまりつつ、それが採用している時の流れに向けてなされた自己批判である。

その自己批判に抗して時の流れを守護しようとするとき、可能な策の一つが他動詞「流す」に着眼することである。しかし、この選択にも新たな困難が待ち受けている。時の流し方は、それに関わる作用体次第である。ある流し方から、ありとあらゆる流し方まで、この他動詞の含むところは多義である。これは述語としての他動詞がその量化を受けつけるという意味であり、主語のみならず述語にも量化が及ぶ判断は二階述語論理に従うことになる。二階述語論理の枠内で草された文や論理式にあっては、それが実効的に一階述語論理に還元されるという抜け道が別途用意されていないかぎり、その証明は困難になる。ここにおいて、数学や論理学ではない経験科学にとっては、量化を受ける述語をそのまま放置しておくことはできない。経験科学は決定性をともなわない命題を容認できない。経験科学にあっては、まずもって観察命題にその決定性を要請する。その決定性を担うのが、観察事実である。観察命題は観察が完了したことを受けて成り立つ命題であるため、その記述を可能にする基盤は現在完了形に求められる。しかも、現在完了形は現在進行形から派生してくる。

経験事実と観察命題

現在進行形は、時の流れの与格を想定しながら、それを主語として独立させると、時の流れを受動的に綜合する作用体と化す。この作用体は、時の流れを綜合しながら、かつ、その同一性を維持する。そのため、事後に完了形に登録される時の流れを保証する参照基準としての不変性を提供する。すなわち、この作用体は、完了形に登録された時の流れの生みの親となる。時の流れは与格を絶えず主格に変換し、そうすることで主格にあって不変にとどまる同一性が可変の時の流れを保証する。ここにおいて、時の流れを可能にする同一性をともなう作用体は、量化を受ける述語「流す」を、もはや量化を受けることのない述語「流れる」に変換する。それが進行形から完了形への転移である。完了形を更改する進行形は完了形によって絶えず呼び込まれるため、完了形から抽象される時の流れは枯渇することがない。

時の流れは、進行形から完了形に移行することで、二階述語論理から一階述語論理への変換を可能にする。一階述語論理への変換の利点は、そこで生成された命題の証明可能性にある。

われわれは何事かを理解するとき、命題に対応する経験事実を求めるが、経験事実それ自体がわれわれにその理解をもたらすとはかぎらない。経験事実を観察命題に移し替え、その命題に含まれる述語に量化がもはや及ばないとき、その命題の一階述語論理による証明可能性が飛躍的に増大する。この証明可能性が暗黙のうちにでも是認されたときには、対象とする観察命題についてのわれわれの理解は、実効的に、そして飛躍的に増大する。そのための条件が、公理と推論規則の完備である。それが完備されていないと、観察命題は経験事実の単なる代替以上のものにはなりえない。そのことに関連する一つの事例が、量子現象に由来する乱数発生器である。

量子乱数発生器には、量子トンネル現象を利用するものがある。電子はポテンシャルの山に囲まれた谷底に置かれたとき、山の幅がそれほど厚くなければ、ある確率で山を突き抜けることができる。それが量子由来のトンネル現象である。これに基づいて、ポテンシャルの山の形状を適切に設計すれば、電子がポテンシャルの山にぶつかって跳ね返されるか、それとも山を突き抜けるかの二者択一の相対頻度を実際に計測し、それぞれの確率をちょうど0.5に設定することができる。この仕組みに従う量子乱数発生器を実際に製作し、その動作に外界からの物理作用が可能なかぎり及ばないように工夫されているものとする。その条件下で実際に量子乱数発生器を運転してみると、通常の状態で測定された二者択一に関わる相対頻度は設計どおり0.5であったが、ある状況下でその標準偏差が時間の経過とともに一様な仕方で増大していく現象が見出された（Nelson, Radin, Shoup, and Bancel 2002; Nelson and Bancel 2011）。この結果は、地球上のさまざまな地点、約六〇箇所に配置した同じタイプの量子乱数発生器において、グリニッジ標準時に同期した仕方で発生させた二〇〇ビットから成る0、1の乱数系列のネットワーク統計処理によって得られたものである。個々の量子乱数発生器に関しては、発生した二〇〇個の0、1の和の平均値は一〇〇、その標準偏差は七・〇七一であった。

進行形から完了形へ

ここでの関心事は、本来なら一定であるはずの乱数系列の標準偏差が、なぜ時間の経過とともに増大していくことがあるのか、である。これは完了形に登録された結果からそれを生み出した進行形の素性を問うことになる。この問い自体は正当だが、これは観察命題に基づいてその観察命題が生じてきた原因を問うことになり、それを一階述語論理の枠内で遂行しようとすると、公理と推論規則を別途用意しなければならなくなる。そうして、解決すべき新たな課題を背負い込むことになる。

もちろん、既存の一階述語論理の枠内で理解不能であっても、その観察命題を受け入れるという選択肢はある。ただし、この選択肢は、理解不能な事実を事実として受け入れるだけの度重なるダメ押しがあって初めて可能である。われわれの先人がナイル河の定期的氾濫から、あるいは太陽の高度の周期的変化から「年」という時の流れの計測単位を受け入れていったのは、その典型例である。確かに、歴史的にはナイル河の定期的氾濫、太陽の高度変化のいずれも完了形に移行した時の流れに固有の運動であって、それ自体が量化を容認する述語をともなわない、一階述語論理の枠内で理解できる観察命題であることが、事後になって初めて判明した。

経験科学の枠内にとどまるかぎり、われわれは量化を容認する述語をともなった観察命題を認めることができない。それを容認してしまうと、量化をともなう述語にとっての主格である主語に、容易に経験を超えていくことのできる権能を与えることになってしまう。それは、かなうことではない。しかし、だからといって量化をともなう述語の参照を厳禁してしまうのも、かなわざる極論である。ここに、現在進行形を担う行為体の意義が浮かび上がってくる。仮に、この行為体の属性を規定する述語に量化を受けるものがあっても、行為の結果が現在完了形に移行したとき、かつての量化の残渣が皆無なら、再現性を要請する経験科学の鉄則に抵触するところは何もない。逆に、進行形に量化を受ける述語を容認することで、経験科学の守備範囲をより拡大できるという期待が生まれてくる。その具体事例が、時の流れであった。しかし、この事態は、時の流れを抽象できるわれわれのみに限定されているわけではない。量化を受ける述語を容認する進行形から、それを忌避する完了形への移行は、経験世界のうちにあって、与格をともなう他動詞を行使する行為体すべてに通用する。それを主題とするものこそ、インフォメーション現象である。

4　時制変換を司るインフォメーション

インフォメーション現象を横断的に眺めたとき、インフォメーションが持つとされる意味は、いったい誰によって、あるいは何によって見通され、見定められているのか、という難問が持ち上がる。もちろん、インフォメーションの定義は困難を極める。さらに事態を困難にするのが、インフォメーションの意味である。意味を確定するためには、有意味・無意味を判定する基準が必要になる。にもかかわらず、「インフォメーション」と呼ばれる言葉は、日常言語でなに不自由なく、これまで使われてきた。生物学を含む経験科学も例外ではない。困難の源の一つは、「インフォメーション」と呼ばれる名詞に課される言語由来の制約である。受け手にとってのインフォメーションとは、それを受けたことによって受け手に綜合され、何らかの行為を引き起こすきっかけとして捉えられる。受け手にとっての過去と未来を現在において統合することになる。

しかしながら、「過去と未来を現在において統合する」というのは、ほとんど了解不能な言い回しである。過去と未来を対象言語の枠内で捉えると、その二つを現在において統合するというのは、現在が、すでにない過去と、まだない未来の両方に働きかけることになる。それは対象としてそこにないものに働きかけることをもたらす。しかし、対象言語にあっては、過去と未来が現在において共在することはできない。

この不都合に対処する一つの方策は、対象言語そのものを対象にできるメタ言語を採用することである。現在形をメタ言語に移し、過去形と未来形を対象言語にとどめおくなら、過去形と未来形の統合をそこでの現在形で実施することが可能になる。この統合を最も抑制された仕方で実行したのが、一七九〇年に公表された『判断力批判』におけるイマヌエル・カント（一七二四―一八〇四年）である。しかし、これは経験から離反した形而上学の上に立つ超越論的主観のみが可能とする統合であり、経験の場で物質に基づく仕方でなされる統合・綜合とは無縁である。経験を形而上学の目から見て意義あるものにするカントの統整原理は、実際に経験の場で経験に統合・綜合を与える原理ではない。

経験科学の特徴であると同時に制約でもあるのが、対象言語の遵守である。われわれは対象として言語外の対象を選ぶことができる。その対象を捉える手段が経験である。この観点に立つとき、インフォメーション現象は、経験世界のうちに現れる対象を経験する内部観測体がそれに継起して示すことになる行為に認められる。そのため、インフォメーションの意味は、内部観測体が示す行為に現れる（Reading 2011）。加えて、内部観測体は近くにいる他の内部観測体によって経験される対象となる。

したがって、インフォメーションの意味は、これまでに蓄積されてきた経験とこれからの行為の接続・統合をもたらすところに現れる。この接続・統合は、過去と未来をメタ言語上の現在において想定する統合とは異なる。メタ言語の上に置かれた過去と未来の位置関係は、あらかじめ明らかにされていない。位置関係が明らかでない二つの異なる対象をそこでの現在において統合するという意見表明がなされても、その手続きが具体的に示されないかぎり、経験的に検証することはできない。それに対して、対象言語の上で経験と行為を今現在において統合しようとするなら、経験と行為がそれぞれ異なる時制に属することを是認しつつ、その二つを接続することが求められる。対象言語のうちには、たまたまではあるが、その接続要件を満たす、隣接する時制がある。それが現在進行形と現在完了形である。過去形と未来形を現在において統合しようとすると、メタ言語を呼び込まなければならなくなるが、進行形と完了形に注目するなら、かろうじて対象言語のうちにある今現在において、この二つの異なる時制を接続する可能性を認めることができる。

インフォメーションと内部観測体

この異なる時制を接続するという課題は、これまでの物理科学において、幸か不幸か問題視されることがなかった。そこで受け入れられる運動法則は、時制をともなわない論理に従属し、その論理の結果が、当の論理に依存することなく定まる、時の流れの上に乗って現れることを保証する。この運動理論の最大の利点は、過去と未来を現在において統合することを可能にしながら、それが対象言語に関して閉じている点である。それを可能にしているのが、自走する時の流れである。それはメタ言語の介入を内から求めない。ただし、運動法則それ自体は、運動の初期・境界条件とその観測に関しては無言である。そのため、この理論をメタ言語の俎上に載せて批判するのは容易である。しかし、その批判そのものは、あくまでも取り上げたメタ言語の枠内にある。そこでなされた批判は、しばしば採用したメタ言語に従属するものであって、そのメタ言語を保証するものではない。この単なる意見表明にしかなりえないメタ言語での批判を乗り越えるには、あくまでも対象言語のうちにとどまりつつ、初期・境界条件の設定・観測に対処することが求められる。

ここで浮かび上がってくる具体的な課題が、経験を行為に接続する内部観測体が別の内部観測体によって経験される、という事態である。この事態は、物理科学ではこれまで矮小化されてきたが、生物学では顕著になる。インフォメーションの受け手である内部観測体には、生体高分子、細胞内小器官、生物細胞、細胞組織、生物個体、さらには物理学者が設計・製作した各種の測定器が含まれる。このことは、インフォメーションという対象が一時、受け手の眼中にとどめおかれることを容認する。それが受け手にとっていかなる意義をもたらすかは継起する行為に現れる、と考えられる。森の中で一本の木が倒れても、その音を聞く者がいなければ、木が倒れたときに併せて倒木にともなう音を発したと確言することはできない。言い換えるなら、応答されることのないインフォメーションは、良くて矛盾語法であるか、悪くすればまったくの無意味になる。ここに、応答されるインフォメーションの意義が現れてくる。これは従来の単なる刺激応答の枠組みをさらに拡張することに相当する。刺激応答にあっては、刺激は機械的な原因とみなされるが、応答されるインフォメーションにあっては、行為体にとって有意義である、という判断が介入する。

もちろん、行為体にとって有意義である、という判断は、擬人的な判断の介入を指しているのではない。行為体にとって有意義である、という判断は、反事実条件の適用、互いに両立しえない多数の候補からの選択を指す。応答されるインフォメーションの特徴は、連続的に進行する感覚受容に継起する運動行為がオン／オフの切り替えをともなう断続性を示すところに認められる。感覚・運動統合にあっては、連続性と離散性の統合が関わる。

5　連続性と離散性の統合

感覚・運動統合に認められるように、連続相互作用と離散的オン／オフ相互作用の統合は、明らかに物質現象でありながら、これまで物理の守備範囲のうちに入れられることはなかった。これは、物理が過度に守備範囲を限定してきたことによる。その一つの事例として、物理学で留意されてきた保存則を取り上げてみよう。

運動法則は例外なくエネルギー保存則を満たす。ここで、保存されているエネルギーは具体的にいかほどか、という問いを立ててみると、適切な返答は運動法則だけからでは得られない。運動法則に別途課される初期・境界条件が判明して初めて、その問いに応答する準備が整う。その準備を担うのが観測である。

ここで、もし感覚・受容相互作用と物体間の運動相互作用が完全に同期しているなら、物理がわれわれに教えるとおり、エネルギー保存則は確かに、いつでも、どこでも成立する。しかし、この二つの相互作用が同期していないなら、事態は一変する。運動相互作用に離散的オン／オフ相互作用が組み入れられると、感覚・受容を担う連続相互作用との同期は不確かになる。空間のあるところでオン／オフ切り替えをともなう離散的な相互作用変化が生じたとき、その影響が瞬時に全域に伝達されることはない。任意の感覚・受容体が近傍での行為体のオン／オフをともなう運動変化を検知するのは、あくまでも事後になってからである。いかなる感覚・受容体も、対象を検知することと、それを見定める自分の目を検知することを同期させることはできない。感覚・受容体が広く分布していると き、すべてのオン／オフ切り替えの相互作用を同期した仕方で、一瞬のうちに検知するというのは、できることではない。にもかかわらず、完了形に登録された記録の上で保存則を破ることは許されない。

感覚・受容に固有の連続相互作用と運動・行動に固有の離散的オン／オフ相互作用が物理的に容認されるかぎり、この二つの相互作用に併せて保存則を充足する連携が求められる。この保存則を充足することへの連携運動を促すのは、近傍の他所で保存則充足に向けてなされた相互作用のオン／オフ切り替えの結果の伝達である。これは、受け手にしてみれば、相手方での相互作用切り替えを同期した仕方で検知する術を欠いているため、そのまま放置すれば保存則を破ることになりかねない、という驚きをもたらす。この驚きと束の間の善後策が連綿と継起することになる。

ここにおいて、インフォメーションが担うことになる時制の特徴が明らかになる。インフォメーションは現在進行形を現在完了形に接続する今現在にとっての属性となる。しかも、その今において、現在完了形は絶えず現在進行形によって更改されることを許容する。ここに、経験の場において対象化されるインフォメーション担体が現れる。インフォメーション担体は、対象言語のうちに現れる対象であるため、当然、現在形で参照される物的担体である。それは同時に、そこで絶えず現在完了形を現在進行形で更改する。それはインフォメーション担体に独特な形体を与える。それを経験世界で実践している事例の一つが、物質交換である。

物質交換体は、確かに現在形で参照される形体を指す名詞でありながら、交換の前後を離散的オン／オフで切り替えることのできる連続的な交換運動を指す。物質交換は離散性を生み続ける連続運動となる。その交換体は、保存則の一つの現れである物質流連続の実現、すなわち連続則の破れが完了形の記録に登録されるのを回避すべく、まわりに働きかけ続ける。

現在進行形と未来への予期

これまで物理学は物質交換体を主題とすることがなかった。それは採用した方法論の違いゆえである。物質交換は物理現象ではない、と断定しているのではない。物理学にあっては、対象がいかなるものであれ、その状態を指定できる、という前提を是認することから出発する。そのため、状態を規定する帰属要素があらかじめ網羅的に列挙されているなら、あとはその各々の帰属要素項目の具体的な値を確定することで、状態はおのずと確定されることになる。この方法論が多大な成果をあげてきたことは、もちろん論を俟たない。しかし、この方法論は経験事象に照らし合わせてみると、いささか苛酷すぎるところがある。対象の同一性を、状態を網羅するすべての帰属要素の一致に求める必然的な理由はない。その具体例は、物理におけるマックスウェル＝ボルツマン統計、ボース＝アインシュタイン統計、フェルミ＝ディラック統計に認められる。状態がある対称性を示すなら、それだけで対象の同一性を絞り込むことができる。そのため、対象の同一性を絞り込む候補に状態の対称性以外のものがあるなら、それは経験事象として、当然、新たな意義を獲得することになる。そこに現れる、対象の同一性を新たに絞り込むことのできる候補の一つが、物質交換にほかならない。

物質交換体は、その構成要素を同種の別の要素に交替しても、その同一性を維持できる物体である。その保証は、まずもってそれに対応する経験事実の有無にある。確かに、生物は物質現象としての物質交換によってそれ自身の同一性を維持するという事実をともなう。そうでありながら、物質交換は再帰アルゴリズムを容認する一階述語論理に帰着する対象ではない。物質の繰り返し交換はあたかも再帰アルゴリズムを認める一階述語論理に従っているかに見えるが、地球上で生命現象をもたらすことになった物質交換は現在に至るまで停止することなく継起している。それに対して、停止することのない再帰計算は、一階述語論理の範囲内で証明可能となる命題にはなりえない。これは、むしろ二階述語論理と一階述語論理を仲介するインフォメーションにとっては、当然のことである。

停止することが保証された計算に置き換えられることのないインフォメーションの積極的な意義は、それが二階述語論理に接するところに認められる。そこで、インフォメーションは量化をともなう述語を容認する。その量化をともなう述語を実際に受けつけているのが、現在完了形を更改することになる現在進行形である。あるいは、現在完了形は必ず現在進行形を今、現在において誘引する。その現在進行形を現在形で参照したときに現れてくるのが、僅少とはいえ、未来へ向けての予期である。現在進行形は、必ず現在完了形を更改する予期をともなって現れる。しかも、その予期は、メタ言語が介入してくる以前の、あくまでも対象言語の枠内にある出来事である。

6　予期をともなうインフォメーション

予期が物質科学に登場するのは、量子論を介してである。量子論は、その標準的な解釈において、何らかの事象に関してその生起確率を与える。事象の生起確率は、すでに観測が完了した事象の頻度分布に対応づけられると同時に、未然の事象の生起予測の確率にも関連する。そのかぎりにおいて、予期を含む量子生物学が、対象言語の枠内での一つの試みとして浮かび上がってくる。

量子生物学は、量子論から派生しながら、観測に対する評価が親元の物理学での評価に比較して、より精緻化されている。それを如実に示すのが、量子非破壊測定への取り組みである。量子物理学でなされる観測の多くは、観測と同時に観測対象となった量子の波束が急激な収縮を受けるとされる。粒子の二重スリット通過実験が示していたとおり、粒子が撮像スクリーン上に貼られた感光フィルムを感光させたなら、粒子の波束はそこで突然の収縮を示す。そのため、それ以後の粒子の成り行きの追跡は放棄するか、断念せざるをえなくなる。ところが、生物現象においては、観測操作は一度かぎりではなく、その継起が延々と続いていく。少なくともこの地球上では、生命の起源をもたらすことになった内部観測に営々と続くその末裔が今なお健在である。

生物を担う機能単位は、生体高分子、細胞内小器官、細胞、有機個体など、さまざまである。そのいずれもが、その感覚能と観測能を発揮し、それに継起する運動・行為を駆動させるとき、エネルギーを消費する。この消費を賄うだけのエネルギーが確保されなければ、その機能単位はみずからの存続を危うくしてしまう。ここにおいて、量子論は生物に対して、きわめて多彩なエネルギー節約の術を提供する。

可視光の領域にある一個の光子を検知することは、視覚をともなう生物個体にとって必須の要件である。このとき、飛び込んでくる一個の光子を途中でそのまま、変換することなく、直接に観測しようとするなら、ヴェルナー・ハイゼンベルク（一九〇一―七六年）の不確定性原理によって、観測される光子の周波数は光子に固有の周波数と同程度の誤差を含むことになる。観測に付随するエネルギー消費も莫大なものになる。一方、直接ではなく、観測対象となる一個の光子をそれよりはるかに周波数の低い一連のマイクロ波光子列に変換できるなら、不確定性原理が参照する相手は可視光の光子からマイクロ波領域の光子に移る。そのため、周波数の観測精度が格段に上がると同時に、観測に要するエネルギー消費も劇的に低減させることが可能になる。ここに量子非破壊測定の要点が集約されている。この量子非破壊測定を可能にする条件が可視光の光子をマイクロ波の光子に変換する機構の存在であって、目という視覚器官をともなう生物がその機構を活用していることは経験事実からうかがい知ることができる。

可視光の光子をマイクロ波領域の光子に変換する機構で生物界に広く行き渡っているのは、エネルギー運搬分子であるＡＴＰからのエネルギー解放機構である。一個のＡＴＰがリン酸基を解離してＡ

ＤＰに変換されるときに解放されるエネルギーを一個の光子の放出で賄うとすれば、それに要する時間はフェムト秒（一秒の一〇〇〇兆分の一）単位で測定されるくらいの短時間である。ところが、生物体内で実際にＡＴＰからのエネルギー解放に要する時間は、それより一二桁ほど長いミリ秒単位で計測される。これは、ＡＴＰからのエネルギー解放が一個の光子の放出によるのではなく、実効的に一連のマイクロ波光子列の放出によってなされていることを裏づける。

加えて、生物にあっては、位相の揃ったマイクロ波光子列の担ったエネルギーがそれぞれの機能実現に費やされると、マイクロ波光子間の位相がかつての位相整列を失う。その結果、互いにランダムになったマイクロ波光子は、熱エネルギーと化す。このエネルギー変換が継起するには、熱エネルギーと化したマイクロ波光子を外界に廃棄することが求められる。われわれの地球から見渡される廃棄の受付先は確かに確保されている。地球を取り巻く深い星間宇宙が、それである。マイクロ波光子が熱エネルギーと化したなら、それに相当する黒体輻射の温度はミリ・ケルビン（一ケルビンの一〇〇〇分の一）程度である。これは周波数が一五〇ギガ・ヘルツあたりに集中する宇宙マイクロ波背景放射から大きく離れている。それを黒体輻射の温度に換算すると、およそ二・七ケルビンになる。言い換えるなら、二・七ケルビン近傍の熱エネルギーを星間宇宙に捨てようとしても、そこはすでに先着の廃棄物で満杯になっている。ところが、温度がミリ・ケルビン程度に相当するマイクロ波光子をそこに捨てようとするなら、星間宇宙はいまだ空き家同然であって、その廃棄の受け入れは可能である。

化学反応のネットワーク

地球の表面は、多様な低熱源と高熱源に接することで、さまざまな温度勾配を被験している。低熱源の典型例は、マイクロ波で到達できる星間宇宙である。一方、高熱源の例には、太陽の表面温度に相当する太陽光、地球の表面を覆うプレート間のズレに由来する高熱マグマ溜まりから湧出する熱水、地表を取り巻く比較的温暖な大気がある。

温度勾配が与えられると、そこからの熱機関の出現が自然な成り行きとなる。その熱機関は内生の選択能を備えている。資源をより効率よく利用して、同種の熱機関を増殖させるものが、資源獲得において、より優勢となる。この熱機関を「カルノー・サイクル」と見立てるなら、その効率は高温熱源と低温熱源の温度差の高温熱源の温度に対する比で与えられる。その結果、より低温に位置する冷熱源をともなう熱機関は、より効率が高く、より優勢となる。星間宇宙を活用可能な冷熱源とみなすのは、その典型である。

ここにおいて、生物に固有な酵素・基質反応の特異性が浮かび上がってくる。酵素作用に特徴的なのは、物質由来の量子非破壊測定に基づく立体構造緩和の現象である。そこでは、多数の低エネルギー量子が位相を揃え、酵素となるタンパク分子にゆっくりとした立体構造変位をもたらす。それによって、長寿命の遷移状態が実現される。基質となる分子が用意されているなら、高効率で運転される熱機関サイクルの動作の前半部では、きわめて特異的な酵素・基質複合体が形成される。それが後半のサイクルに入ると、酵素・基質複合体から生成物が切り離され、未使用のエネルギーはそのまま外界に捨てられる。ここで酵素・基質反応は振り出しに戻り、再び新たな酵素・基質複合体の生成に向かう。しかも、複合体生成と生成物解離は別々の経路でなされるため、それを統合すると、物質交換を実践する一つの代謝サイクルとなる。量子非破壊測定に基づく熱機関は、物質交換を担う代謝サイクルを提供する。サイクルの前半では可能なかぎり損失を抑えつつ、ゆっくりとエネルギー変換を行い、後半のサイクルでは未使用で残存したエネルギーを外界に向けて散逸させる。

この代謝サイクルの精緻さは、酵素・基質複合体の生成速度と複合体からの生成物の解離速度がサイクルによってそれぞれ独立に決定されている点にある。しかし、同時に、その決定は避けることのできない一つの制約のもとに置かれている。実現する過程が物質交換であるため、そこでは物質流の連続を維持することが不可欠になる。複合体生成速度と生成物解離速度の改変が同期することはない。しかし、物質流の連続の破れをそのまま放置することはできない。一方が他方での速度改変の結果を検知したなら、そこでの連続則の復帰のため、新たな速度改変が促される。この速度補償に向けての作用の連鎖・波紋が延々と継起することになる。酵素作用に固有なのは、検知の結果を改めて検知する、という果てしない連鎖である。

ここで明らかにされたのは、生物を成り立たせるのは化学反応のネットワークであって、それは検知することを引き続き検知することによって成り立つ組織体である、という見解である。この見解の源は、量子論そのもののうちにある。検知されたものと、検知されたものの検知の違いに留意することは、時制の違いを正視し、検知そのものが歴史的な事象であることを表す。記録に登録された歴史は、勝者にとっての歴史がそうであるように、整合がとれ、内的統一をともなった記述になっているはずである（Igamberdiev 2012)。しかし、目下進行中の事態に関しては、整合のとれた記述は望むべくもない。

ここにおいて、量子論で試みられてきた歴史整合性解釈が登場する。歴史整合性解釈の特徴は、記録に登場する歴史事象の生起確率が古典的なアンドレイ・コルモゴロフ（一九〇三―八七年）の確率公理論に則る、とする点に認められる。確かに、現在完了形で登録された歴史記録は三人称現在形で参照でき、同じく三人称現在形で展開される確率公理論をそれに適用することができる。一方、進行中の歴史にあっては、登場者が思い思いの役どころを担い、それによる記述は一人称でなされ、時制は現在進行形である。しかし、三人称現在形で参照される歴史記録は、互いに拮抗する思い思いの一人称現在進行形の記述が勝者の手によって編集された結果である。

物理現象を論理に接続する

この状況下にあって、三人称現在形に着地したままで一人称現在進行形に手を届かせようとする試みの一つが、「予期」と称される運動である（Rosen 1991）。酵素・基質反応では、酵素・基質複合体の生成が複合体からの生成物の解離の原因であると同時に、複合体からの生成物の解離が酵素・基質複合体の生成の原因でもある。結果と原因が際限なく入れ替わる。それを通常の物理法則の枠内で捉えようとすると、そこでの時の流れは他に依存することのない自動詞「流れる」を指す。この制約を受け入れるかぎり、原因は必ず結果に先行する。そのため、結果が再び原因になる、という言い回しを受け入れるのは困難になる。ところが、時の流れを他動詞「流す」の枠内で捉え直すと、状況は一変する。複合体からの生成物解離は新たな酵素・基質複合体の生成を予期し、誘引する、と捉え直すと、それは因果関係を担う原因から結果に向けて一方的に流れる時の流れに抵触することにはならない。ここでは、通常の物理学で受け入れられてきた因果律を担う時の流れと、予期を担う時の流れが共在している。それを可能にしているのが、量化をともなう他動詞「流す」の関与である。時の流れを生じさせる作用体を唯一のものに限定しなければならない、という必然は消滅してしまう。

因果関係と予期を対等に扱うことは一階述語論理を尊重する物理学ではこれまで遠ざけられてきた、という経緯があるが、物理学が一階述語論理の採用を保証しているわけではない。一階述語論理が物理学で尊重されてきたのは、そこで草される命題のほとんどすべてについて、証明されるか否かの判定が可能になるという僥倖ゆえである。しかし、それには、当然のことながら、払うべき代償が付随する。それが二階述語論理の等閑視である。二階述語論理にあっては、多くの場合、あるいはほとんどの場合、そこで草される命題の証明可能性の是非を判定することができない。にもかかわらず、時の流れに沿って発生する因果関係と予期の双方を対等に扱うことができる、という利点を享受する。その利点をきわめて有効に活用するのが、インフォメーション現象にほかならない。

インフォメーション現象にあって物理学にないのは、二階述語論理の積極的な評価である。しかも、インフォメーション現象が進行形から完了形に移行するなら、それにともなって、それまで活用されてきた二階述語論理も一階述語論理に移行する。インフォメーションは、識別されるはずの観察命題の多様さを非可算無限から、たかだか可算無限に絞り込む。そこでは、物理学に抵触する事柄は何も発生しない。このことは、併せて、インフォメーション現象は物質現象ではない、とする物理学からの批判をかわすことを可能にする。物質現象にとって可能な論理を一階述語論理に限定し、二階述語論理を排除する積極的な理由は見当たらない。

　ここにおいて、また厄介な問題が生じてくる。物質現象を論理に結びつけるのは、われわれの意識がなせる業である。では、いかにしてこのような離れ技が可能になるのであろうか？

第Ⅵ章　意識を操ること

われわれは意識をもっていることを自覚している。その自覚をひとたび俎上に載せると、自覚を自覚するとはいかなることか、という無限後退の問いに陥る危険を孕みながら、その自覚の自明性の是非を問うことを避け続けるのは、かなうことではない。意識とはいかなる対象か、という分析は容易ならざる課題でありながら、意識を思考の対象から外し続けることもできない。どこに深刻な問題が控えているのかを見るために、簡単な事例を取り上げてみよう（Tononi 2008; Tegmark 2014）。

ここにコメの等級を自動的に判別できる等級選別機があると想定してみる。その選別機はベルトコンベヤーの上に載って運ばれてきたコメ袋に小さな穴を開け、少量のコメを検体として取り出して、それをコメの粒子の各種パラメータを測定する自動測定器に転送する。測定されるパラメータには、粒子の形状、重量、水分含有量、アミロース量、タンパク質含有量、脂肪酸度などがある。自動測定器はそれらを素早く測定し、その結果を選別機本体に転送する。選別機はあるアルゴリズムに従って検体が一等米であるか、二等米であるかを即座に判断し、その結果を検体の入っていた袋に刻印する。刻印を押されたコメ袋は、ベルトコンベヤーの終端近くで刻印に従って一等米と二等米に分けられ、別々の出口に誘導される。選別されたコメ袋は、それぞれの等級ごとの収納場所に運ばれ、出荷を待つことになる。

ここで処理されるインフォメーションは、属性がすべて定量的に測定され、その結果に基づいて対象が確かに識別される、という識別インフォメーションに関わる。そのため、等級選別機が選別の結果を意識しているか否かは問われない。識別インフォメーションの属性、帰属項目があらかじめ規定されていれば、その識別インフォメーションの操作に意識の介入は必要ない。ここでなされているのは、こちらか、あちらかの区別であって、それは機械的になされうる。この識別のための属性、帰属項目そのものを定めるのは等級選別機ではないが、その識別の仕方に従って区別するのは機械である。しかし、インフォメーションが区別ではなく統合に関わるようになると、このままでは済まなくなる。

次に、酒の等級を決める利き酒の場面を想定してみる。それぞれの酒蔵で醸し出され、「大吟醸」と称される酒が、はたして大吟醸の名にふさわしい酒であるか否かの判定には、経験豊かな利き酒師か酒匠の手を借りることになる。利き酒師は、まず検体を蛇の目猪口に入れて、その透明度を見計らう。その後、鼻を近づけて吟醸香を試み、良いとされる果物香以外の不純な香り、雑味の混入の有無を調べ、口に少量含んでしばらく温めてから、口から吸い込んだ空気を鼻に抜く過程で含み香を改めて試み、その後、後味にも神経を集中させる。それらをすべて勘案し、綜合して、等級の判断を下す。この判断は、利き酒師によって統合されたインフォメーションに基づいてなされながら、さらにこれまで積み重ねてきた利き酒師の長い経験とも統合されている。この統合インフォメーションを支えているのは、長く培《つちか》ってきた経験と、それを可能にした利き酒師本人である。そのかぎりにおいて、判断を可能にした統合インフォメーションは利き酒師の意識下にある。

1 統合する意識

統合インフォメーションとは、利き酒師の場合がそうであるように、個々の部分が生成したインフォメーションの寄せ集めではなく、部分が因果的に相互作用しながら生成され、統合されたインフォメーションを指す。われわれの頭脳が高度の統合インフォメーションを生成するとき、それが妥当な表明だとするなら、新たな刺激を受け、それに後続する脳内での符号化は同じ脳の中に履歴として現存する他のインフォメーションと深く関連する。その統合性は部分の単なる寄せ集めには認められず、部分が統合されることで初めて現れる。統合インフォメーションが利き酒師の意識下にあるというのは、その統合を行うのが経験豊かな利き酒師である、という意味である。

統合性を示す最も簡単なインフォメーション処理の事例は、極端に抽象化された刺激と脳の関係に見ることができる。刺激を受ける以前の符号化前の脳状態は、刺激を受けることで符号化後の脳状態に移る。ここにおいて、刺激と符号化前の脳状態を切り離し、別個に取り出しても、それぞれから改めて符号化後の脳状態を生成することはできない。符号化後の脳状態が想定できるためには、刺激と符号化前の脳状態が同時に作用し合うことが不可欠である。そのため、この刺激と符号化前の脳状態の同時作用は一つの論理操作とみなすことができる。これは、論理操作自体には時制の変化が認められないためである。しかし、すべての論理演算が脳に認められるわけではない。その例が、排他的論理和である。排他的論理和とは、二つの命題の論理和でありながら、一方が成り立てば他方は決して成り立たない論理和である。両方が成り立つ場合は排除される。

この排他的論理和を実行する論理素子にあっては、同一でない二つの命題の入力があるとき、ただ一つの命題が真であるときにかぎって、真となる論理演算が実施される。この演算にあっては、少なくとも二つある命題のうちの一つは無用のものとして捨てられてしまう。ここにおいて、必然的にインフォメーション損失が発生する。この捨てられる命題の一つが脳に蓄積されてきた記憶に由来するのであれば、このインフォメーション損失によって脳の中の記憶は損傷を受け、やがては記憶そのものが消失してしまうことになる。しかし、これが経験事実に反しているとすれば、脳内のインフォメーション演算は無損失で実施されていることになる。

一方、インフォメーション損失をともなわない論理演算は計算可能にはならない（Maguire, Moser, Maguire, and Griffith 2014)。一人称でなされる決定を三人称での計算に置き換えることはできない。インフォメーション損失を回避する具体的な手立てをあらかじめ明示することはできない。ここで計算可能と言うのは、可算回の再帰演算で終了する計算を指す。一階述語論理では、そこで草される大部分の命題について、それが証明可能であるか否かの判定が可能になる。その判定自体は計算可能である。しかし、何らかの形で二階述語論理、例えば現在進行形の記述の介入が避けられなくなると、その計算可能性は覚束なくなる。計算主体の独立を確保することが危うくなる。これは、脳過程、特にその統合過程を計算によってモデル化するのは不適切であることを示している。

ヒトの行為を分割し、各々の要素としてそれぞれを切り出すことができないなら、それは脳内で行われていることがあまりにも複雑であるため、そこで実現している過程の全体を反転させることが事実上、不可能であることを暗示している。計算は反転可能だが、脳内での認知過程は非可逆である

(Bringsjord and Zenzen 1997)。

例えば、神経外科医が患者の脳に手術を行っても、患者の意識下に置かれている記憶内容を編集し直すことはできない。そうでありながら、患者の脳が物理法則に従う物体であることに変わりはない。末端から電気信号の形で脳に送り込まれたインフォメーションは、そこで神経細胞の助けを受けて化学信号に一時変換され、さまざまな統合処理を受けたのち、再び電気信号に変換される。それは各種運動器官を制御する制御信号として送り出され、機能する。ここでのインフォメーション処理は無損失である。そのため、理論的には、この過程はどこでも当初のインフォメーションを回復できるという意味で可逆である。ここで、この可逆性を否定してしまうと、脳内では物理に従わない摩訶不思議なことが跋扈していると認めるしかなくなってしまう。

しかし、そうではない。個の不変性・同一性を尊重する物理法則は、抽象された一般・普遍のレベルにおいて、確かに可逆性を保証する。運動において個の不変性が広く普遍化されるなら、確かに運動の可逆性は保証される。一方、非可逆性が入り込むのは、個別・具体のレベルでその普遍性が確保されていないときである。物質交換にあっては、その交換の前後で個の不変性・同一性は維持されていない。もちろん、このことによって物理法則そのものが毀損される恐れはまったくない。

運動法則という抽象

ここで、最近では見ることが稀になってきた、柱にかかっている振り子時計を想定してみよう。その振り子の周期運動をビデオカメラで記録し、記録された録画を、時間の向きを反転させて再生したとする。われわれは、あたかも時間を反転させて再生された映像の中で見られる振り子の運動と、時間を順方向に保ったまま再生された映像中に見られる振り子の運動を区別できない。いずれも、自然な振り子の運動として眺めることができる。この可逆性を保証しているのが、振り子の運動を司る運動法則の可逆性である。

ここでさらに、晴れた、ほとんど風のないおだやかな日に、小さな池の真ん中に小石を投げ入れ、波紋が広がっていく様子を同じくビデオカメラで記録し、時間を反転させてその録画を再生したとする。映し出される映像の中では、池の周辺に沿って生じた大きな円状の波紋が収縮しながら中央に向かって進む。そして、波紋のすべてが中央の一点に集まったところで波紋そのものは消えてなくなり、続いて小石が池から飛び出してくる。この時間反転映像はいかにも不自然でありながら、池の水を構成する水分子の運動を支配する運動法則は相変わらず可逆だとされる。時間を反転させた映像の不自然さは、運動法則そのものではなく、運動法則を条件づける境界条件の設定の仕方の不自然さにある。小石を投げ入れて広がる波紋を生じさせることに比べると、池の中央で波紋が打ち消されるように池のまわりに沿って一斉に波紋を生じさせることは、ほとんど不可能と言っていいほどの難事である。

運動法則は、可能な運動からの抽象であって、それ自体としては具体性を欠く。そのため、抽象された運動法則を介して、抽象される以前の具体的な運動をいかにして復帰させるか、という問いが新たに登場する。それを実行する一つの手段が、境界条件を付加することである。通常の物理学にあっては、境界条件を課すのは物理学者である。これが物理現象の捉え方として妥当なら、相手側の物理現象のほうも課された境界条件をそのまま受け入れることになる。ここで問題になるのが、物質の側ではどのようにして境界条件を受け入れているのか、である。

初期条件の設定を取り上げてみると、物質系がある初期時刻に、ある確定された初期状態を占めると言えるためには、その系が一体になり、すべてが同期した仕方でその状態を実現することが要請される。その要請に応えるのは運動法則ではない。運動法則はむしろ、すべてが同期した初期条件は設定可能になるはずだ、という要請をする側に位置づけられる。運動法則は、初期条件によって補完されないかぎり、経験的に意義のある具体的な結果をもたらすことはない。ここにおいて、物質由来の観測が登場することになる。

物理学者が設定した同期をともなう初期条件を、物質の側でその内から引き受けるのが、内部観測である。これまでの物理学における方法論に従うかぎり、そこで設定される同期をともなう初期条件は物理学者によって過不足なく十全に制御されるとみなされてきたため、明示的に内部観測を参照するまでには至らなかった。しかし、関心を寄せる経験対象として脳のような複雑な組織体を取り上げると、物理学者といえども、任意に設定された初期時刻での脳の初期状態を同期した仕方で設定・制御できる、と豪語することはできない。にもかかわらず、可逆な運動法則を放棄しない。

「意識」とは何か

事態は三つ巴の関係にある。物質を司る運動法則は可逆である。ところが、運動法則を補完する完全同期をともなう初期条件の確保はままならない。しかし、脳のような高度に複雑な組織体は、部分的な同期を実現することによって、損失をともなわないインフォメーション操作を可能にする。この事態をまともに受け入れるのが、内部観測である。しかも、内部観測は非可逆である。観測する以前に何を観測するのかを確定する術がそれ自体には備わっていないからである。

むしろ、脳のほうが内部観測体の典型例となる。しかし、この観点は、神経科学がこれまで蓄積してきた知見と相容れないところがあるように見える。神経科学に従えば、脳が示す機能はそれぞれの機能単位に分離され、その各単位が示すことになる機能は物理法則とそれに課される境界条件に還元される。しかも、それに整合する実験事実に事欠くことはない。そのため、脳に固有の統一性、内部観測体としての新たな統一性を読み取ることは、不必要な屋上屋を架すことになるという誹《そし》りを受けかねない。この批判は、批判を可能にした前提を認めるかぎり、正当である。

「意識」と称する現象に関わる、すでに完了した個々の経験事実や実験事実を現在形で参照するかぎり、この現象は神経科学が擁するさまざまな機械論モデルの複合体に還元される。これは、統合されていた対象をモジュールごとに分割し、それぞれの機能を明らかにするという方法論を採用するかぎり、当然の事実である。完了形で登録された事実を観察命題として現在形で参照することは、経験科学の主柱である。さらに、この「意識」と称する現象に関心を寄せる理論家・哲学者は、その理論化を試みるかぎり、その試論を三人称現在形の記述で試みるはずである。ここで三人称現在形を遵守する理論科学と現在完了形を現在形で参照する経験科学を宥和させようとするなら、経験科学が採用してきた方法論由来の制約、すなわち関心を寄せる考察対象の個別化・モジュール化を理論科学も是認することが求められる。この是認が、理論科学における機械論モデルの採択を避けられなくする。

意識をモジュール化するなら、それは個々に規定されたモジュールに関する知能に還元される。しかし、知能から逆に意識に到達することはできない。意識には、現在進行形を誘引する現在完了形が棲みつく余地が確保されている。それに反して、知能の表現は、現在完了形で登録された記録を現在形で参照するにとどまる。表現されるべき知能が、いまだ表現がかなわない不定かつおぼろげな対象をそれとして指示することはない。表現される知能そのものには誤りを受け入れるゆとりはない。誤りを認める知能とは、それ自体で形容矛盾である。

誤りの判定は、知能を行使する行為体に委ねられる。モジュールの統合にともなって発生する、避けることのできない事後における過誤を適切な範囲内にとどめおくことができるのは、知能ではなく、あくまでも意識である。決定性を三人称現在形で草される記述に求める知能に対比して、意識はその決定性を一人称行為体に委ねる。

経験科学は完了形で登録される記録以上の内容をいつも抱えている（Fodor 2001）。それが現在進行形で参照される事態である。完了形は絶えることなく現在進行形で更改される。その更改が停止してしまうことはない。停止させれば、対象をそれ以外のものから分離し、モジュール化することが可能になるが、これは一方的に、われわれの作為による結果である。その作為を自粛するなら、完了形を進行形で更新する行為体が毀損されることなく、その姿を現し続ける。これが内部観測体である。

2 「今ここ」からの予期

脳がそうであるように、内部観測体は統合インフォメーションを担う。しかし、それは三人称現在形で参照することが保証された対象ではない。内部観測体はそれ自体による経験の蓄積を可能にするため、その成り立ちは必然的に非可逆である。非可逆であるとは、恒常的ではないことを意味する。そのため、非可逆でしかない何かに「内部観測体」という名称を付してしまうと、名辞がそれだけで自立してしまい、心ならずも唯名論に屈したかに見える。これをそのまま放置してしまうと、内部観測は求めもされなかった唯名論への余計な脚注以上のものになりえない。この十把ひとからげの非難は不当だと申し立てを行うのは、もちろん内部観測の側である。

内部観測体は、恒常ではなく、持続を求める。持続は恒常に比べて、その意味するところが弱い。物理学の枠内にある恒常は、いつも個別具体からの抽象として位置づけられる。何が恒常の要件を満足させるかの検証を求める先は実験科学になる。そこで実験の対象になるのは例外なく具体的な個である。その個から抽象される不変性が恒常である。ガリレイによる慣性の抽象は、その典型的な模範例である。しかし、この事実は、経験事象から抽象される不変性が個から抽象される恒常にかぎられていることを保証しているわけではない。それを暗示するのが、われわれが慣れ親しんでいる言語それ自体である。

われわれが言語を獲得したのは、地球上で進行してきた進化過程から眺め渡すなら、きわめて最近の出来事である。そこで特記すべき事柄の一つが、普通名詞の多用に見出される。その普通名詞を経験世界のうちに現れるさまざまな対象の指示名詞として用いるなら、指示される対象がそこで持続しているとみなされる。このとき、当の普通名詞から持続が抽象されたとみなされる。それが恒常ではなく持続であるのは、普通名詞の出現それ自体が進化過程に依存しているからである。普通名詞が指示名詞として機能するとき、指示された対象に含まれる個に対して、その不変性までは要請しない。

普通名詞そのものは、個ではなく、類を指す。その類が類として持続するかぎり、その類を構成する個の不変性を併せて要請することまではしない。しかし、類が持続するためには、たまたまある個が欠損したとき、その類は同種の新たな個に対して親和性を持つことになる。この親和性が拒否されるなら、類はやがて消失する憂き目に遭うことになるが、経験世界はその憂き目を避ける方策を絶えず提供し続けてきた。

特に、この類を担うものが内部観測体である場合、その持続はほとんど自明になる。まず確率公理論が規定する条件付き確率に従うなら、内部観測体が成り立つという条件下で確かに内部観測体が成り立つとする条件付き確率は1である。通常、この条件を設定するのはその理論を行使する数学者だが、この条件付き確率が経験事象に適用可能だとすると、経験事象の側でもその条件づけをそれとして行使するものが現れる。それが経験世界のうちで可能となる内部観測体である。物質世界の内にあって内部観測体を成り立たせる物質条件の典型例は、反応分子間に働く化学親和性に見出される。数学者の見立てた条件付き確率1は、内部観測体が自分を保全し、成り立たせる条件がまわりから提供されているとみなすとき、自分にとっての生起確率が1である、と翻案される。数学者による理論設定が、内部観測体での観測と等価であるとして、それに置き換えられる。しかも、これは単なる置き換えだけで済まされているのではない。爾後に自分を成り立たせる条件を確認することは、自分の持続への予期に関わる確率が1であるとすることと等価になる。これは予期に確率をあてがうことが妥当である可能性に道を開く。

予期と判断の統合

持続する一人称行為体は、わが身の統合を図るため、完了形で登録されるわが身の更改を絶えず進行形に委ねるという行為に関わる。この完了形の進行形による更改が、一人称行為体が示す予期の内実である。完了形が問答無用の仕方で進行形を駆動するという通常の因果律に対比して、予期は完了形が進行形を誘い込むという反転をともなう。

予期に確率をあてはめた前例には、ベイズの主観的確率がある。賭け事に現れる確率は、確かに予期に関わりながら、間違いなく条件付き確率を含む確率公理を満足させる。それを保証する一つの仕組みが、賭けの胴元は決して破産しない、という経験事実に論拠を置く「ダッチ・ブック論証」である（de Finetti 1937）。「ダッチ・ブック論証」の骨子は、賭け事にあっては賭博師の栄枯盛衰がつきものであるが、賭場を仕切る胴元は決して破産することがない、という経験事実の尊重にある。胴元が破産すれば、賭場を開くこと自体がかなわなくなるからである。

例えば、競馬において、一番人気が松号、二番人気が竹号であったとしよう。ゲートが開く寸前のオッズ、すなわち購入馬券が当たりになったときの予想配当金が競馬の主催者側から知らされる。期待される松の単勝確率が0.3、竹の単勝確率が0.1、松と竹の馬連、すなわち一、二着の順が松→竹か、竹→松のいずれかである確率が0.05としたとき、着順を松→竹と指定した馬単の確率は、それが確率公理に従うかぎり、0.05 × 0.3 ＝ 0.015となる。「ダッチ・ブック論証」は、競馬を主催する胴元が営業を今後とも滞りなく続けられるとするなら、予期確率に関しても確率公理の適用が求められることを証する。もし胴元が確率公理に従わない仕方でオッズを設定していたなら、それにいち早く気づいた目ざとい賭博師によって、その胴元は容易に破産に追い込まれてしまっていたはずである。少なくとも今に至るまで存続してきた競馬の主催者は、間違いなく予期確率に確率公理が適用されることを当然視してきた。

持続する内部観測体の一事例である、この競馬の主催者は、自己の持続への予期確率を1に漸近させることで、参加する当事者である馬券購入者にとっての当たり馬券への予期確率を割り出す、という判断を行使している。一方、馬券購入者はみずからが短命の内部観測体にしかなりえないこと、爾後に馬券の購入を断念せざるをえないことがあることを覚悟しつつ、主催者の設定した予期確率を引き受ける。しかも、予期確率を設定し、それを引き受けるのは、出走ゲートが開く寸前の馬券売り場の窓口である。内部観測体は予期に基づいて判断を行う、持続する行為体である（Arecchi 2011）。その予期と判断が実施されるのが「今ここ」である。このことが可能になるための経験条件が、みずからの持続への予期確率を1に漸近させることのできる内部観測体の出現・参加である。統合を担うのは、「今ここ」でなされる予期と、それに基づく判断である。それは三人称現在形で起草される綜合判断とは異なる。

そのもう一つの事例は、スポーツ競技にも認められる。野球の試合で九回裏、守備についたチームが、四対三で優勢でありながら、ワンアウトで走者満塁の危機を迎えているとしよう。そのとき、左投げの投手が次の打者を迎える。投手は、打者がスクイズバントで同点か、ヒットで一点勝ち越しか、いずれかを狙った策で向かってくるだろうと想定する。そのため、外角低めの直球で勝負しようと決め、投球動作を開始する。しかし、その開始から数十ミリ秒後、投手はその肩越しに見た三塁走者の常ならざる動作気配に気づき、それがスクイズ作戦開始の兆しだと予期する。直後にすでに開始していた投球動作を修正し、捕手が捕球できる範囲内でボールを大きく逸らそうと判断して、それを滞りなく実行したとする。ここで予期と判断は同期していないが、二つの結合は可能である。その結合を可能にするのが、ワンアウト走者満塁の重圧に屈することなく、「今ここ」で継起する予期と判断の二つの統合を行った投手である。この統合は、三人称現在形で参照されているのではなく、あくまでも現在完了形を現在進行形で更改する渦中にある。

3　三人称現在形を超える今

何事かを記述するとき、三人称現在形を参照するのは、われわれにとってほとんど避けがたい慣習でありながら、これはきわめて奇妙な慣習でもある。現在形を用いて、肯定的で、かつ明確な内容をともなう言明を行ったとき、その肯定性はどの現在でも通用することが求められる。このとき、言明それ自体は時の経過に無関係な、非歴史的な対象と化す。この文法による制約は、記述する対象が運動であっても、別途断り書きをしないかぎり、遵守することが求められる。運動を記述することと記述された運動は、いずれもそこで採用された時制の影響下にある。しかし、記述にとっては当たり前の現在形を運動に適用してしまうと、運動そのものが時間と無関係になり、その意味するところは非歴史的になる。

一方、運動それ自体はいつも進行中であるため、それに最も近い時制は現在形ではなく、現在進行形である。現在進行形にあっては、歴史的な属性を帯びる運動に対しても門戸が開かれている。そうでありながら、現在進行形は、記述手段として、いかにも扱いづらい。現在進行形には、多様多彩な能動的な行為体が登場しうる。事態を進行させているのは、現在進行形での記述を草する著者だけではない。その著者は、事態を進行させている一人にすぎない。

現在進行形には著者による統整を超える複数の行為体の参画が避けられない。にもかかわらず、現在進行形の多重能動性を忌避しない著者にとって、その多重能動性にもはや影響されない記述に達する道が、かすかながら開かれている。それが現在完了形である。その著者が進行の渦中にある何事かを現在完了形の記録に登録することができれば、記録自体はもはや能動性を示さない。現在完了形の記録にとどめおかれているのは、すでに完結した進行である。完結した進行とは、もはや運動ではありえないが、その記録が現在において入手可能なら、完結した進行を現在形のうちでの進行として捉えられる。記録に刻印された時刻は、いかなるものであれ、記録を参照する著者の現在から相対化される。しかも、その著者にとっての現在が運動そのものに干渉することはない。このとき、記録をとどめた著者が匿名者の位置に退いても、完結した進行の記録が無傷なら、完結した進行の記録は公知になるものとして客観化される。

したがって、完結した進行の現在における記録と、記録のうちで進行する運動に客観性をもたらす匿名性が一体化されるなら、それは三人称現在形で記述される進行・運動となる。もしこの現在形で参照される運動が経験世界のうちで実現する実際の運動を表しているなら、それは現在進行形にある運動をもたらすはずである。ところが、この言い分は、現在進行形から派生してきた現在形での進行が、まさに進行中の進行、現在進行形にある進行と等価であるという、ねじれをもたらす。これは本末転倒である。このねじれを慣行として受け入れるなら、現在形での進行が過去と未来を現在において接続することになる。それを物質世界に適用したのが、現在形での進行を現在進行形での進行と等しいと考えるニュートンの「絶対時間」であった。

要約するなら、カントによるニュートンの絶対時間の弁護は、現在形で草される命題を正当化するわれわれの言語慣習に則っている。そのかぎりにおいて、カントは進行に関して現在形と現在進行形の間にねじれがあるのを承知しつつ、現在形で草される命題を保全するために、そのねじれを甘受する、というきわめて抑制された、穏当な方策を採用した。この点で、カントが論じる時間は、経験から抽象されたものではなく、あくまでもわれわれにとっての経験を可能にする条件とみなされる。

カント＝ニュートンの時間を乗り越える

そうでありながら、現在形での進行を現在進行形での進行と同一視するという言語慣習に基づくカント＝ニュートンの時間は、運動そのものを対象化することを可能にし、それが現在形で参照され、記述されることを導く。運動の対象化は、それを完結した全体とみなすことと等価である。これを経験的に見直してみるなら、完結した進行の記録が保全されているという付加条件を要請していることになるため、その適用範囲はきわめてかぎられる。もしわれわれが完結した進行の記録を超えるような事態に遭遇するなら、進行の不変性を保証する不変の記録を手にすることはできなくなる。ここにおいて、カント＝ニュートンの時間の効用を認めつつ、それを乗り越える必要が生まれる。ここで、もし完結した進行の記録が不変ではなく、可変になりうるとすれば、すなわち、完結した記録が爾後に、それに続く進行形との整合のため、わずかでもその更改を受けつけるとすれば、そこで現在形と現在進行形の間を取り持つ接続子としての時間は、不変の記録を要請するカント＝ニュートンの時間を超えていく。完結した進行の記録は要請できなくても、現在形での進行と現在進行形での進行を接続する方策はある。その一つの候補が、現在形での進行を現在進行形での進行と同一視させるように現在形そのものを見直すための仕組みである。そのためには、進行形と完了形の間に発生する不整合をしばしの間、忍従できるという、持続する今に固有の耐性に着眼することが求められる。

運動は時の流れによって生じるのではなく、時間は現在進行形で参照されることになる運動を現在形で記述する際に言語から課される一つの要件である。カント＝ニュートンの時間は、現在進行形にある運動を現在形で記述可能にする、きわめて極端な事例の一つである。事例はもちろんそれだけにかぎられていない。現在形と現在進行形の接続子が運動の進行とともに、その含む内容を変えていく場合が、それに相当する。接続子としての時間がその意味内容を変えていく典型例は、運動が非可逆になる場合である。物理学において非可逆性を主題として取り上げるとき、まず可逆な運動をもたらすカント＝ニュートンの時間を前提とするが、それはあくまでも一つの前提である。可逆から非可逆を得ようとするのは至難の業である。

ところが、運動そのものに複数の行為体が参加するようになると、非可逆性はきわめて根深いものになる。ある行為者が何事かを決定したとき、まわりの行為者がそれを検知するのは、事前や進行中ではなく、あくまでも事後である。その複数の行為者の介入によって、運動は必然的に非可逆になる。そのため、その運動を現在形で記述しようとすると、必然的に不定さが入り込んでくる。並みいる行為者がいかなる決定をするかを、同じ現在において検知する手段が欠けているからである。その不定さを甘受するかぎりにおいて、現在形による運動の記述は可能になる。

現在形と現在進行形の間の接続子として機能する時間は、それ自体、カントとニュートンが見抜いたように正当でありながら、不定さを容認することによって、カント＝ニュートンの時間を超えていく。その不定さを否定ではなく肯定によって参照しようとするのは、現在形で草される命題を守護するためである。その代償が現在形で参照される不定さである。

言語使用者は、現在する記憶のうちで、カント＝ニュートンの時間に頼ることなく、現在形と現在進行形の結合を行うことができる。しかし、この現在形と現在進行形の接合子は、記憶が記録として不変のままとどまらなければ、それを客観化することはできない。私的な記憶のうちでの現在形と現在進行形の結合を客観化するには、記憶を客観的に参照できる記録への変換が求められる。ひとたび客観化される完結した進行の記録が得られたなら、現在進行形からもたらされ、現在完了形に登録されて完結した進行の記録は、もはや運動を示さない点で不変である。ただし、記録の現在における不変性は、現在における記憶の不変性を含んではいない。

4　進行形と完了形の統合

ここにおいて、記憶が言語使用者ばかりでなく、物質世界に広く及んでいくとすると、事態は一変する。経験科学が常々参照し、重用する記録は、現在進行形から直接に現在完了形に登録された事柄である。それは現在形を直に参照してはいない。記録生成に必要なのは、現在進行形と現在完了形の間の同期である。現在進行形は、完了形との同期の有無にかかわらず、進行し続ける運動の渦中にある。一方、現在完了形は、進行形との同期を成就したあとには、それ自体が運動の動因になることはない。にもかかわらず、記録ではなく、記憶としての現在完了形は、絶えず現在進行形によって更改され続ける。その進行形を引き込み続けるのがかつての完了形であり、それを証するのが事後に析出されることになる記録の客観性である。この客観性に着地することによって初めて記憶が記録となり、経験科学の対象となる。

この記憶は、現在完了形を今、現在において現在進行形と同期させる仕組みを担う。それを活用するのが、持続する行為体である。物体としての行為体は、現在完了形を現在化しつつ、その同一性を維持し続ける。それを可能にするのが、完了形と進行形の間で共有されることになる具体的な同一の個の介在である。その個の担う記憶が完了形と進行形の間で受け渡し、受け渡されることで、この相異なる二つの時制の間での同期が保証される。しかし、それだけではない。記憶は絶えず現在完了形を現在化する。現在完了形自体は運動をともなわないが、現在完了形を現在化する記憶は絶えず現在完了形の上書きと更改を併せて行う。この能動性を担う現在完了形の現在化が、「今」と称される時制である。これは三人称現在形が参照する現在とは異なる。

現在完了形の現在化が担う「今」は、完了形と進行形の間の同期と、完了形の進行形による更改という能動作用の双方を可能にする基体である。この能動作用を発揮する「今」は、三人称現在形で参照される現在を超える。経験科学が受け入れる三人称現在形の前提は、現在完了形で参照される経験事実の不変性である。そのため、その三人称現在形は、現在完了形から派生することになる。それを踏まえた上で、現在完了形の現在化を担う「今」は、三人称現在形を派生させることのできる基盤を提供する。

そのことを具体的に見るため、今一度、ワンアウト走者満塁の野球の場面を想定してみよう。左腕の投手が次の打者に向かって外角低めの直球への投球動作を開始した直後、三塁走者が本塁に向かって走り出す動きを察知し、直ちに投球を大きく外す運動に切り替えたとする。この運動を特徴づけるのは、現在進行形と現在完了形の間の同期を維持しつつ行う、進行形による完了形の更改である。それを可能にするのが、互いに異質な同期と更改を統合できる投手である。もちろん、事後になってその場面を振り返る野球解説者は、当の投手が示した動きのすべてを整合のとれた仕方で述べることができるだろうが、それはあくまでも完了形に登録された運動を参照してのことである。今まさに完了形を進行形で更改しつつある運動を参照しているのではない。それに対して、マウンド上の投手が外角低めを狙う投球動作をすでに開始しながら、その途中で投球を大きく外す動作に切り替えるなら、それは暴投になるかもしれない危険を冒してのことである。しかも、その危険を負うのは行為者としての投手自身である。解説者はその危険を経験することも負うこともしない。

経験することと経験されること

経験が可能になるのは「今」であって、それは予期・判断を可能にする決定をともなう。そのため、決定は決定前・後という時制の変化も絶えずともなう。その時制の分岐を可能にする決定が不断に更改されていく。この経験は、まぎれもなく物質現象でありながら、非相対論領域での古典物理の理論枠組みの中で想定される相互作用とは明らかに異なる。カントに倣って、相互作用を物体がどの現在にあっても同時に共在するための条件として捉えると、相互作用を通じて時制が変わることはない。相互作用はいつも同期しており、同じ現在時制にある。それに対して、経験の成り立ちは予期と判断の同期成立へ向けての運動の渦中にある。経験することと経験されることの間で可能になる運動は、同期そのものではなく、同期化へ向けての運動である。

この経験の重視は、相対論では正当かつ厄介な課題となる（Mermin 2013）。ここに双子の兄弟である一郎と二郎を想定してみよう。地球上の慣性系で同じ「今」を経験していた二人のうち、一郎がロケットで星間宇宙に飛び出し、その速度は光速の五分の四だったとする。その後、目指していた星、例えばケンタウルス座アルファ星を周回し、再び同じ速度で地球に戻ってきて、二郎に再会したとき、一郎の持っていた時計で測定した再会までに要する時間は六年だったが、二郎の時計では一〇年も要していた。この判定は、相対論に通じた一郎と二郎の各々がそれぞれ独立に行った推論によって導き出すことができる。もっとも、ここでの推論では、時計のみならず生物個体としての一郎も、加速・減速時に発生するローレンツ不変性を満たす変換に耐えることができ、その具体的な運動内容・機能をいささかも毀損しないと想定されている。一方、この二人は、離別時・再会時のいずれにあっても、同じ「今」を共有することになる。その判定は、当然のことながら、一郎と二郎の経験によって共有される。それを可能にするのが、経験することと経験されることの間の同期成立へ向けての運動である。

同期に向けての運動を保証するのは、当事者の持っている時計を見比べることではなく、共有することのできる経験である。ロケットの乗組員の間で共有する「今」と、ロケットに乗り込んだ一郎と地上の二郎の再会によって共有することになる「今」との間には、同期する経験の成り立ちにおいて顕著な違いがある。非相対論古典論の場合とは異なり、相対論では、経験することと経験されることの間の同期を可能にする「今」がいかにして成り立つかを、真っ当な問いとして取り上げることができる（Skow 2009)。しかも、この同期の判定は、あくまでも物質現象としての観測を前提とする。光速不変性に整合する観測運動がそれである。

経験科学の客観性を守るために

相対論は四次元座標を受け入れることによって、時制に踏み込むことなく同時性を扱う理論枠組みを提供するが、時制そのものを否定してはいない。四次元座標を用いた表示を受け入れることなく、光速不変性の経験上での意義を問う、という問題設定も当然のことながら可能である。相対論には、異なる時制の間の同期・更改という「今」に関わる問題、すなわち光信号の伝達前と後の間に発生する切断をいかに接合・統合するか、という問題がすでに潜在している。時空座標上での表示を受け入れなければ、相対論の枠内にあっても、驚きや事件の経験は可能になる。この指摘の核心部は、一九二二年四月六日にパリでアインシュタインとの公開討論に臨んだアンリ・ベルクソン（一八五九—一九四一年）の胸中にすでにあったはずだが、その意図するところがアインシュタインには伝わらず、逆にベルクソンは物理を知らない、と非難される羽目になってしまった。今もって事態の収拾には至っていない。

異なる時制を接続する「今」にあっては、現在完了形と現在進行形の間の同期と、進行形による完了形の更改の両方が可能になる。そのため、進行中の運動を対象としながら、それを現在形の言明を用いて記述しようとすると、言わずもがなの利点とともに、欠点も引き受けなければならなくなる。現在形で草される命題そのものと、その命題が参照することになる不変の客観性の両方を守護しようとするなら、カント＝ニュートンの時間が避けがたい。その結果、時制の変換を可能にする能動性、すなわち危険を冒す行為体の芽を心ならずも摘んでしまうことになる。一方、行為体を窒息させかねない不変の客観性の強要を回避しつつ、経験科学としての客観性を守り通そうとするなら、現在形での言明を草する以前に現在完了形と現在進行形の間の同期・更改に着眼することが求められる。

それを実際に実践しているの典型例が、われわれの脳である。

第Ⅶ章

時制をまたぐ脳

ホメオスタシス

感覚入力を受け取り、そこから制御出力を各運動器官に向けて送り出す脳は、入力と出力を統合する一つの行為体である。この行為体の特徴は、その持続にある。持続しない行為体というのは、それだけで形容矛盾になる。持続しない行為体は、絶えず持続する行為体に取って代わられる。行為体とは、化学反応回路がそうであるように、内から外に向けて親和性を発揮する物体の謂いであって、持続する有機組織体として位置づけられる。持続が爾後の持続の条件を提供する、という時制をまたぐ等値関係を経験の場で単なる恒等関係としてではなく有意・有効に活用して自立するのが行為体である。

行為体が持続することは、その自前の観測能を行使することで持続の条件をみずから探索し、それを装着することを結果としてもたらす。それは行為体が内部観測体であることからの自然な成り行きとして導かれる。行為体は、自分の持続を可能にする条件を同定し、定着させる内部観測体となる。行為体は外部条件に対して単に受け身であるだけではない。行為体による外部条件の同定には、必ず、その外部条件に向けてそれを受け入れようとする働きかけか、受け入れ可能にする外部条件を探索することに向けての親和性の調整が付随する。その調整実現に向けて相反する親和性が競合するとき、事態を制するのはより素早く資源を獲得するほうになる。行為体は、まわりの環境が提供する資源のうちから自分の持続を可能にする条件を見出すときにかぎって、その持続を定着させていく。持続を前提とする行為体は、その前提を満たす条件をみずから見出すときにかぎって、その持続の実現をはかる。しかも、その持続を可能にする条件を見出すことができるか否かは、あくまでも経験的な課題である。

内部観測体がまわりを観測して自分の持続への予期確率を算定することができるとすれば、それは必ず条件付き確率となる。条件を見定めるのは、当事者である内部観測体が実行する観測によってである。さらに、ここでの確率が確率公理論に従うなら、内部観測体が自分を持続させる条件を確認するという前提のもとで、その内部観測体が実際に持続する、という条件付き確率は1になる。このことによって、持続する内部観測体は自分を持続させる条件を見出し、その条件下で自分を成り立たせ、保証する行為体と化していく。内部観測体は、ベイズの主観の物質化として位置づけられる。公理論そのもののうちにあって条件付けを行使するのはあくまでも数学者だが、内部観測体が導入されることで条件付けを行使する作用体の自然化が図られる。

この自分を持続させる条件を見出すこととその条件下で自分を成り立たせることとは、単に理論上の同義反復ではなく、あくまでも経験に由来する言明である。予期確率を操ることのできる行為体の参入がここでは前提とされており、これは経験事実によって検証されるべき事柄である。ここで明らかにされているのは、予期確率を行使できる内部観測体が可能だとすれば、それは自分が持続することへの条件付き確率を1にできることと同義である、という事態である。持続を前提とした持続への条件付き確率を1にする事態とは、持続が引き続き持続の条件を提供することを指す。もし自分の持続への予期確率が1より小さくなるなら、予期確率を1に保存することを保証する行為体が不在になり、予期確率そのものの存立が危うくされてしまうからである。予期確率を行使できるベイズの主観は、それが想定されるかぎり、自分の存続に課される、それへの予期確率を1にする。ベイズの主観的確率を弁護するための前提が、ベイズの主観と称する一人称行為体の確立である。

脳を典型例とする内部観測体の特徴は、絶えず変化し続ける環境の中にあって、その状態・形体を維持するところに認められる（Friston 2010）。さらに、環境は観測体内・外の二つ、内部環境と外部環境に分けられる。この内部環境に固有なのが、内部状態、形体に関わる恒常性、ホメオスタシスである。このホメオスタシスを実現しているとき、対内部・対外部環境に向けて感覚器が表示することになる状態は、恒常性を維持することにおいて、その表示される範囲が限定される。この恒常性からのズレが、有機個体である内部観測体にとっての驚きとなる（Applebaum 2008）。そのため、内部観測体は恒常性を示すことにおいて経験する驚きを可能なかぎり低減させようとする。

「驚き」と「今」

金魚鉢の中の金魚がそこから床に落ちることは危険きわまりない、死に至る驚きであるため、そのような危険を冒すことはめったにない。しかし、水鉢の中の亀がそこから這い出して床の上を歩きまわるようになっても、それは亀にとってさほど危険な驚きにはならない。何が驚きであるのかは、内部観測体にとって固有である。にもかかわらず、どの内部観測体にとっても共通しているのは、それぞれの感覚器の指示状態が与える驚きを可能なかぎり低減させることである。この驚きを避けることにおいて、判断実行を予期に継起させつつ、その接点でこの二つを同期させることと、現在完了形の現在進行形による更改が介入する。時制の変化をともなわない運動法則に従う力学運動と比較して、驚きを避ける運動は異なる時制をまたぐ運動となる。驚きや事件を容認することは、時間そのものではなく、時間を抽象する以前に時制を経験することに端を発する。

内部観測体にとっての驚きとは、驚いている「今」に固有の感覚状態を指しているだけではない。ある感覚器官が驚きの状態に入ったとき、その近傍にある別の感覚器官は、それを内部環境の変化として捉え、そこにも同様に判断実行を予期に継起させる運動の連鎖が伝搬していく。この運動を支えるのが、現在進行形で遂行される現在完了形の度重なる更改である。「今」が特異であるのは、時制をまたぐという変化をもたらすことを可能にするのが唯一この「今」に限定されているためである。しかも、この時制の更改において予期操作が加わるため、当初の驚きは次第に緩和されていく。これがホメオスタシスの実現をもたらす。

行為体にとっての感覚状態は、まずその感覚を引き起こす原因の確率分布をともなって現れる。これは、行為体が自分の持続への予期確率を1に設定したときの、それに相対化された確率分布である。そこでの関心の対象が避けるべき驚きの原因なら、持続する行為体はその驚きの矮小化へ向かう行為を随時更改していく。その行為を更改すべく働きかける対象は、大別して二つある。一つは外部環境に働きかけて変更可能となる感覚入力そのものであり、もう一つは内部環境に働きかけて神経細胞の活動、結合の仕方などの改変を可能にする内部状態である。この内部状態の変更によって、感覚を引き起こす物理的原因の確率分布が改変される。この改変が可能になるための条件が、実際に被験する感覚と感覚原因への事前確率分布との間の同期であり、その試行は行為体に固有の世界モデルである予期に基づいてなされる。予期とは、モデルをもつことと同義である。ただし、このモデルのままでは、被験する感覚はまだ事実としてデータ化されていない。しかし、このデータの生成モデルが、それを担う行為体を特徴づける。

主観的確率と客観的確率

ここにおいて、行為体が感覚シグナルを受け取るという事実が発生すると、行為者にとっての感覚原因の確率分布は事後確率分布に改変される。さらに、行為体が感覚シグナルを受け取る以前であっても、その行為体は感覚原因に対して事前確率分布を想定することができる。もちろん、その事前確率分布は、感覚を引き起こす物理的原因の確率分布とは異なる。ここで行為体に生じることになる感覚原因の事後確率分布と、それに対応する物理的原因の確率分布の乖離の最小化は、感覚データを不変に保ったまま、行為体が内部状態を可変にすることにともなって現れる物理的な操作、すなわち物理的原因の確率分布を更改することによって遂行される。その極限が、感覚原因の事後確率分布とそれに対応する物理的原因の確率分布との一致である。行為体が物理的あるいは経験的に可能であるかぎり、事後確率をもたらすのは物理的原因であるため、事後確率分布を与える主観的確率と物理的原因の確率分布にかかる客観的確率の一致は不可欠である。それが成り立たないなら、経験世界のうちでの行為体そのものの存続が危うくなる。

それに対して、「ベイズの驚き」とも称される(Itti and Baldi 2009)、感覚原因への事前確率分布と、事後確率分布に漸近する物理的原因の確率分布との間に発生する乖離は、行為者が実際に遭遇する課題の困難さ、複雑さを表す。そのため、行為体にとっての予期の正確さの追求は、内部状態を自律的に操作することで物理的原因の確率分布を事前確率分布に近づける試みに認められる。この内部状態の自律的な操作は、あくまでも物理過程に従う。しかし、事後確率分布の場合とは異なり、その自律改変を介しても、物理的原因の確率分布が行為者にとっての事前確率分布に漸近する保証はない。

人通りの少ない暗闇の道路で大金の入った財布を落とし、それを探そうとして電灯が照らしている下だけを見渡しても、見つけ出せる保証は何もない。にもかかわらず、間違う可能性を甘受しながら、かつ間違うことを可能なかぎり低減させることに努めながら、電灯から遠く離れたところも探そうと心がけるのが、ベイズの主観に擬せられる、財布の落とし主である。財布の落とし主は、それこそまじめに、かつ必死になって財布を探し続ける一人称行為体となる。失くしものを探すきっかけは落とし主が経験した驚きにあるが、探す行為それ自体はあくまでも物理過程に従う。運よく財布を探し当てることができたなら、それは「ここらへんで落としたはずだ」という落とし主の予期仮説と財布が手提げ鞄からずり落ちることをもたらした物理原因が漸近したことによる。

1　ベイズの主観を支える物理過程

脳はベイズの主観を備えているとされる典型例でありながら（Knill and Pouget 2004）、三人称現在形で記述し尽くせる対象ではない。脳が経験する驚きが三人称現在形で記述されるとするなら、それはいつの現在にあってもそれとして参照されることになり、もはや驚きではない。しかし、驚きを経験世界から排除することはできない。それを実践しているのが、行為体である（Merleau-Ponty 1962）。

行為体が驚きを経験するのは、いつも再開する「今」においてのみである。感覚運動統合体としての行為体は、物質世界に見出される物体であると同時に、それを可能にするモデルの担い手でもある。この言い回しは、物理科学の枠内ではいかにも奇異に聞こえるが、感覚運動を統合させるのは何か、という問いに対する答えを物質世界内に求めようとする際の、一つの控えめな回答にすぎない。統合の原因を物質以外に求めると、意図している経験科学を超えてしまう。

もちろん、物体がともなうモデルが最初から完全無欠だと想定することはできない。しかし、この物体には感覚機能が備わっているため、世界を経験することによって判明するモデルの不備は当の物体に驚きをもたらす。その結果、モデルの修正が繰り返される。ここで特異的なのが、物体がともなう世界モデルには当の物体も含まれる（Metzinger 2003）、という点である。ここにおいて、自己が現れる。物理科学にあっても自己あるいは自己組織化と称される対象が現れることがあるが、その自己の起源はあくまでも物理学者による命名である。対象自体が自己を獲得してのことではない。それに対して、感覚運動にあっては、その統合体そのものが自己を獲得する。この事態を改めて物理学の言葉で言い換えるなら、運動体それ自体が運動法則とそれを修飾する境界条件をともなって現れる、というものになる。

物理学にあっては、運動法則と境界条件が分離されるという建て前を採用しているため、運動の記述は三人称現在形でなされる。そこでは、「今」に関わる難題から解放される、という利点を享受できる。しかし、物質運動そのものは、量子絡みがそうであるように、運動法則と境界条件の分離を保証していない。感覚運動はその二つの分離が不可能であることを積極的に受け入れる。そのやむをえない代償が、感覚運動そのものを三人称現在形で記述することの断念である。現在完了形の現在進行形による更改への着眼は、その断念の意図していることへの一つの肯定的な翻訳として位置づけられる。この現在完了形の現在進行形による更改を担うのが、一人称に位置づけられる行為体である。そのため、行為体に付与される自己はあくまでも指示名詞であって、指示される相手は感覚運動の担い手でしかない（Limanowski and Blankenburg 2013）。それはデカルトの主観とは無縁である。

感覚運動の担い手である行為体は、経験世界に固有の因果連鎖の網目の中に埋め込まれていながら、絶えずその担い手であり続ける。それを可能にするのが、経験する不測の驚きの低減化である。これは行為体が擁する世界モデルを通じてなされる。この世界モデルは、行為体にとってはあくまでも作業仮説でしかないが、感覚データからそれを引き起こした感覚原因を推論する際の一助となる。採択されたモデルのうちには感覚原因と感覚データの因果連鎖が仮説として含まれているため、それを参照することで経験した驚きの原因の同定が試みられる。その試行がなされたなら、それに継起する運動に向けて驚きを低減・回避することへの判断実行がなされる。そのため、行為体が擁することになる自己は、感覚運動の連鎖・継起を介して次第に形成されていく。

行為体は、当の行為体を含む世界モデルを行使してデータの予測を行い、予測と実測の間に差が認められるとき、その解消を目指して、外部環境に働きかけて取得するデータを変更するか、あるいは行為体の内部環境に働きかけて外部環境との相互作用の仕方を変更する。これはあくまでも物質現象でありながら、相互作用の渦中にありつつ相互作用の強さを表す結合定数の変化を引き起こす運動は、これまで物理科学の対象とはされてこなかった。その試みに先鞭をつけたのが、ジェームズ・

J・ギブソン（一九〇四—七九年）による「アフォーダンス」という考え方である（Gibson 1977）。行為者の内部環境のうちにその外界との相互作用の仕方に変更を引き起こす能動性が秘められているなら、外部環境のうちにも当の行為体との相互作用の仕方に変更を引き起こす能動性があることになる。

行為体の現れ方

ここで、行為体は二重の仕方で現れる。一つはモデルを携えて経験に関わり、もう一つはモデルそのもののうちに現れる。これは理論、あるいは三人称現在形の記述のうちに現れる自己参照とは異なる。理論にあっての自己参照は自己による反省として現れ、その反省の結果は整合のとれた現在形の言明で記述されることが求められる。ところが、この三人称現在形で草される整合のとれた判断・言明は、行為体に適用することができない。行為体は、モデルの中に現れた、かつて自分が行った判断の更改に絶えず関わり続ける。そのことによって、行為体は常に一人称であることを引き受け、それが関わる判断の行使は現在進行形を保ち続ける。

行為体がかつて自分が行った判断を更改し続ける実例としては、今ではもはや古典に属するゴム製の手の幻想がある（Botvinick and Cohen 1998）。被験者の左手をテーブルの下に置くように求め、直接目で見ることができないようにする。その代わりゴム製のにせものの手をテーブルの上に置く。被験者はそのにせものの手を目にすることができる。この状況下でテーブルの下に置かれた実際の手に触手感覚を与えると、被験者はにせものの手に触手感覚が発生したような幻想を抱くようになる。これは、被験者が触覚と視覚を統合する際、それまでとは異なる予期に基づいて新たな判断を形成したことを表す。この統合は被験者がそれまで維持していた既存のモデルの枠内での連合、二つの相異なる感覚の連合ではなく、新たに作り直された統一モデルのもとで同期することが可能になった二つの感覚の統合である。そのモデル更改へのきっかけとなったのが、驚きである。

驚きを経験しない通常の状況下では、皮膚に触ると、それと整合する触手感覚を得る。そこには、われわれの身体のモデルが関与する。今まさに何かが体に触れようとするとき、このモデルは、ある特定の体性感覚が生じることをわれわれに対して予測する。そのとき、このモデルを携える行為体は、モデルの中に現れる自分自身にさまざまな感覚の統合を担わせ、そのモデルのうちで複数の感覚受容が同期して進行することを許容する。これは、まぎれもなく物質現象でありながら、物理科学では取り上げられてこなかった。通常は、外部からの触手刺激とモデルが予測する体性感覚は互いに整合するはずだが、二つの間にたまたま不整合や不一致が発生すれば、行為体にとっての驚き、予測の誤りとなる。それをそのまま放置してしまうと、行為体による統合に向けての運動が妨げられ、行為体に固有の統合能に否定的な疑義が向けられることになる。それを回避するのがモデルの更改であり、そのきわめて卑近な事例がゴム製の手の幻想だった。ゴム製の手に触手という幻想を覚えた被験者は、その手を動かすように、という指示を受けたとき、ようやく我に返る。

行為体が擁するモデル

持続する行為体は、いったん自分自身による誤りを認めながら、致命的な破綻を回避し続ける。反面、物理科学にあっては、誤りは誤りとして、いつも打ち捨てられる定めにある。ところが、行為体は誤りから這い上がるのを常とする。それを可能にしているのが、行為者による自己の使い分けである。モデルの中に現れる行為体は、仮想された自己、行為体の分身である。その分身に、分身そのものの破綻で代償を払わせることになるかもしれないリスクの大きい統合作業を負わせるとき、成功すれば、その結果は経験世界に棲む行為体が享受できる。それに対して、その統合作業に失敗したなら、その分身を打ち捨て、新たな分身をまたモデルの中に送り込むことで、新たな試みに立ち向かえるようになる。

行為体は、擁するモデルのうちに設定された自己、すなわち自己モデルを、感覚運動の統合を幾重にも経由して更改していく。その行き着く先が、物理的に妥当な自己モデルの構成である。これは、あらかじめ統合を可能にする自己を想定した上での統合ではない。そのためには、物理学のほうにも、それに向けての包容力が求められる。

物理学者が用意する観測器は、いかなるものであれ、現在完了形に登録される記録が絶えず現在進行形で更改されることを受け入れる。このとき記録されるべき項目は、物理学者によって設定される。その各々の項目は、すでにそれ自体で一つの統合指標である。観測器は一度設定された統合指標をさらに統合あるいは更改することをしない。それを行うのは、記録を受け取った物理学者である。これは哲学において試みられてきた感覚への統覚とも軌を一にする。一方、行為体も現在完了形を現在進行形によって更改するのを常とするが、観測に相当する感覚への項目の設定と統合は、あくまでも行為体の擁するモデルの中でしか行われない。これは決して物理学を矮小化しているのではない。

物理学者も経験世界のうちに現れてきた行為体であることに留意するなら、持続する物理学および物理学者がその行き着く先となる。そのことによって物理学が失うものは何もない。

行為体の擁する世界モデルに固有なのは、行為体内で発生する内受容感覚である。この内受容感覚において驚きや予測の誤りが検知されたとき、その誤りの低減・修正において、行為体の表現が参照される（Seth, Suzuki, and Critchley 2011）。この誤りを低減するのが「今ここ」であるのは、それが内受容感覚に基づくためである。これは、体感はそれを感覚したあとに説明づけられる（Schachter and Singer 1962）、という見解への深刻な反省、およびその反転を促す。むしろ、「今ここ」という体感の感覚は、行為体がともなうことになるモデルに依存する（Pennebaker and Skelton 1981）。これに関連する一つの事実が、ゴム製の手の幻想にともなって現れる生理学上のホメオスタシスである（Moseley, Olthof, Venema, Don, Wijers, Gallace, and Spence 2008）。偽装されたゴム製の手に置き換えられた実際の手の温度は低下することが認められている。この事実は、行為体がそれ自身に対して持つモデルと生理学的モデルの間に因果関連があることを示す。

ここにおいて、行為体の擁する確率的なモデルとそのモデルの持つ因果作用に、どのようにしたら折り合いがつけられるのか、という課題が浮上してくる。それは、予測を行使するベイズの主観にとっても避けられない課題である。

2　因果作用と能動性

何事であれ、事を起こそうとする能動性が行為体には備わっているとされる。ここで行為体が三人称に位置づけられると、その方法論によって、採用されたモデルはそれ自体で修正機能を持たない。このことによって三人称化される行為体は、否定される憂き目に遭う。再現性を強要する三人称記述を行為体に課すことはできない。しかし、行為体が一人称であり続けることに留意すると、事態は一変する。身体が一人称として経験に関わる、という見方は、初期の現象学者であるエドムント・フッサール（一八五九―一九三八年）やモーリス・メルロ゠ポンティ（一九〇八―六一年）まで遡る(Gallagher 2009)。一人称行為体は、そこで可能となる行為によって一人称であることを支える。自己が行為を支えるのではなく、行為が自己を支える、という反転がそこにある。関係という経験を駆使して立ち上がるのが、一人称行為体である。それを可能にするのが、モデルに従う予測と、予測誤差の低減化のためのモデル修正である。ここで予測誤差の最小化が計られたなら、その持続可能な修正モデルを所有するのが、ほかでもないその当事者としての当の行為体である、という事態が発生する。当事者は良くも悪くもそこで生じた行為に責を負うため、責任のありかとしての一人称を担う。しかも、行為の結果が持続可能な修正モデルであるため、その生みの親である行為体も、当然のことながら、持続する行為体となる。持続可能な修正モデルをともなわない行為体というのは矛盾語法である。ここにおいて、持続可能な修正モデルを保証するのが、一人称行為体である。

一方、物理科学で求められてきたのは、持続可能よりさらに厳しい条件を課された恒存可能な運動モデルであった。それを保証するのが、三人称に位置づけられた客観である。そのため、予測誤差はありえないことになる。行為体は、この厳しい条件の緩和を、その運用において求める。もちろん、行為体も予測誤差をそのまま現在完了形に移行させ、放置することはしない。放置を認めてしまうと、モデル修正を担う行為体そのものの否定につながるからである。このモデル修正を放棄しないかぎり、行為体はそれ自体に起因する能動性を発揮する。しかも、それを発揮するのは現在完了形を更改する現在進行形においてである。物質に由来する能動性を三人称現在形で参照することはない。そのため、物理科学に抵触するところは何もない。

このモデル修正に起因する因果は、モデルの至る所まで及ぶ。ゴム製の手の幻想において、直接目に触れることのないテーブルの下に置かれた実際の手の温度が低下するという事実は、視覚と触覚の不整合によって生じる違和感を修正・解消するために生じた作用が、体の温度を適切に保つという高次の制御系、ホメオスタシスにまで影響を与えることを示している。

この現在完了形を現在進行形によって更改するのが「今ここ」であるため、行為体が行うモデル修正はそれに固有の独特な時間性・空間性をともなう。その典型例が、古典的な身体図式である（Merleau-Ponty 1962）。身体図式とは、運動器官を制御する感覚運動機構と体が示す姿勢を統合する仕方を与えるものであり、姿勢とは身体化された記憶を指す。そのため、身体図式には、反省の上に立って自己を参照する明瞭な意識、客観的に現在形で参照されることになる静的な表象は備えつけられていない（Gallagher 2009）。しかも、その身体図式は絶えず現在完了形を現在進行形によって更改することの上に立つため、すでに完了した事柄を基盤とすることから見通すことのできる可能性の届く範囲を示す。これは反省をともなうことなく可能となる、「今ここ」にいる自己を受け入れるという感覚の現れである。

世界モデルの更改

しかし、一人称行為体である自己は、客観視される静的な対象であるわけではなく、常にみずからを含む世界モデルの修正に関わり続ける。この絶えることのないモデル更改の中にあって自己同定が可能だとするなら、それは同定されることになる相手側がモデルの中の自己であることを意味している。それは反省に基づく自己同定とは似て非なるものでしかない。自己に対する反省をともなうことなく自己を同定する事例は、空中に漂う蚊を捕えようとするトンボにも見ることができる。自分の体の位置と近くに漂う蚊との位置関係から蚊の飛行行路を予測し、先まわりしてその蚊を捕えにいくトンボは、その身体図式を活用することで自己を同定する。この同定がなされないかぎり、蚊を捕えることとすら覚束なくなる。そのトンボが、進化過程にあって、巨大化を含むさまざまな紆余曲折を経ながら今日に至るまで存続してきたのは、それが擁するモデルの中に現れてくる自己同定につきまとう誤りの修正に成功してきたからである。

われわれは、蚊を追いかけるトンボの体に何が生じているのかを、その運動を個々のモジュールに分解することによって、それぞれを機械論的なモデルを用いて解読することができる。運動を運動法則と境界条件に分離し、境界条件の制御がその外部から可能になるなら、確かに機械論的モデルは成り立つ。しかし、その機械論モデルに従うさまざまな機能モジュールを統合するのは、われわれではない。統合するのは、あくまでも当事者としてのトンボである。もちろん、これは個々のモジュールに適用される機械論モデルを否定しているのではない。それを否定してしまえば、われわれは取り返しのつかない、修正不能の誤りを犯してしまう。

行為体は自分を含む世界モデルをともなって感覚受容に関わる。このとき、世界モデルは幾重もの階層に分かれている。その階層の基底部を引き受ける受容器は、行為体が外界に向けて開く窓口であり、そこでのシグナルの受容はあくまでも物理手段を介してなされる。さらに、その受け取られたシグナルへの後続処理も、機械論モデルが示すとおり、物理手段を介してなされるが、それがそのまま行為体が擁する世界モデルのうちに表現されることはない。機械論モデルが有効に機能するのは、物理学者、あるいは物理に親近感を持つ神経生理学者にとってである。しかし、その有効さは、膨大な計算処理を引き受けるという代償を払ってのことである。この機械論モデルを装着するとき、背負い込むのが困難になるほどの計算コストが発生するなら、行為体は可能なかぎりの次善策を求める。その候補の一つが、階層化された世界モデルである。階層化された世界モデルでは、各階層レベル間の因果関係にのみ着目する。そのレベル間に装着されている機械論モデルを透明化し、当事者である行為体にとっては不可視だとする作為が採用される（Metzinger 2003; 2005）。

これは、もちろん機械論モデルの否定ではない。採用された方法論の上では確かに正当であることを是認しつつ、互いに絡み合う機械論モデルを階層化し、上位のレベルに行けば行くほど記述の抽象度を上げるというのが、ここで新たに採られた戦略である。この新たな世界モデルは元となる機械論モデルに比べて抽象度が高くなるため、具体性を低下させるという欠点をともなう。その一方で、機械論モデルではなしえなかった新たなことを可能にもする。機械論モデルに従う各モジュールの統合がそれである。その結果、抽象が具体に作用を及ぼすという新たな現象が、ここに浮かび上がってくる。

3 抽象に随伴する具体

行為体は、まず具体から出発する。それを記述に訴えようとするなら、具体に直に接することができるのは現在完了形と現在進行形である。一足飛びに現在形へ、とはならない。ここにおいて現在進行形が現在完了形に随伴するとみなされるなら、それは現在完了形に定着されなかった剰余とみなされる。この現在進行形にとっての生成因子である前進剰余は、現在完了形が現在進行形に随伴する後進剰余とは異なる。後進剰余は、現在完了形に登録された記録が現在形で参照されることを保証する統整因子となる。そのため、後進の統整因子が作用するところでは、前進へ向けての生成因子はもはや機能しない。ここで、現在完了形を客観視できる外部観測の立場を採るなら、それは記述の場面に現れる個々の対象をそれ以外のすべてと整合させる高位レベルでの統整原理として機能し、それより低位のレベルでの内部観測に由来する運動に因果作用を及ぼすように見える。しかし、そうではない(Kim 1999)。後進剰余が作用するのは、あくまでもその時制が現在完了形に限定される場合である。それに対して、内部観測に由来する運動は常に現在進行形にある。生成を担う具体化された前進剰余は、抽象を受けた具体を後進剰余としてあとに残し、後進剰余は現在形で参照できる統整をともなうことになる。ここで課題となるのが、はたして生成を担う前進剰余が高位レベルからの統整を受けつけることができるのか、ということである。

もちろん、現在完了形や現在進行形に煩わされることなく運動の記述を現在形に限定するのが物理学の長いしきたりであって、それに対する支援は哲学からも得られてきた。しかし、その仕組みのうちにあっては、高位から低位のレベルに向けての因果作用を期待することはできない。ミクロの運動の因果を積み重ねてマクロの運動に達することはできるが、その逆は成り立たない。マクロのレベルからミクロのレベルに向けて因果が及ぶとすると、過剰決定を認めてしまうことになる（Noble 2008）。そのため、マクロからミクロに向けての因果は見かけ上だけのものであり、底流にあるのはミクロの因果のみである、という注意書きが必要になる（Bedau 2002）。ここで、まともにマクロからミクロに向けての因果を取り上げるなら、当初のミクロな運動が想定していなかった新たなマクロな原因が外から加わったとみなすことになる（Bitbol 2012）。いずれにせよ、現在形で記述される運動のうちにマクロからミクロに至る因果作用を求めることは困難になる。

ここにおいて、観測・経験の上に立つ内部観測体である一人称行為体の意義が鮮明になる。行為体は、まずもって自分の存立が可能であるとする条件の同定を前提とする。この同定の条件を個物の同一性ではなく類の同一性まで緩めると、新たな事態に直面する。行為体が類としての同一性を維持できる条件を見出すなら、その条件が確保されているかぎり、この行為体は持続する。その持続とは、類としての同一性を維持する運動であり、それは個に比べて抽象度のレベルが一段高いところに位置する類が個の出し入れによって維持される運動を指す。高位レベルが低位レベルに向けて因果作用を及ぼすことになる。これが、マクロのレベルの運動がミクロのレベルの運動に因果作用を及ぼすことはない、という制約に抵触しなくなるのは、マクロな運動を可能にする境界条件の設定にミクロな運動が関与する場合である。

行為体と言語

物理学における運動法則それ自体は、境界条件をともなっていない点で、常に過小決定の状態にある。それゆえ、方法論の上だけでミクロな運動の境界条件を網羅的に決定したとするなら、そこから導かれるマクロな運動に未決となるところは何もない。この状況下で、マクロな運動がさらにミクロな運動に因果作用を及ぼすことになるなら、過剰決定をもたらすことになり、確かに不適切である。しかし、この論の立て方は、あたかも容易に打ち負かすことのできる偽りの標的を立てる藁人形論法のそれに倣うものである。ミクロな運動の境界条件を網羅的に決定することは、物理学の枠内だけにあっても、できることではない。それでも境界条件が有効だとするなら、それをミクロな運動ばかりでなく、過剰決定にならない範囲でマクロな運動に対して設定することも可能になる。それを経験世界のうちで実際に実践するのが、行為体である。行為体は、類の同一性を維持すべく、ミクロの個に向けて影響を及ぼすことになる。

その行為体が自分を含む世界のモデルを擁するようになると、そのモデルの中に持続する同一性が現れることになる。ここに同一性の輻輳が生じる。経験世界のうちでの行為体の同一性と、モデルの中での同一性である。この同一性が一致していないと、行為体は現実とモデルの間で分裂し、自己崩壊の危機に瀕する。その自己崩壊の危機が、経験世界のうちで行為体が経験することになる驚きである。行為体が持続するかぎり、この驚きの最小化が不可欠になる。その最小化が、高位レベルから低位レベルに向けての因果作用によって実現される。それをモデルの中ではなく、経験世界のうちで実現する典型例が、低位レベルに位置する各種機能モジュールの編成と統合の仕方の修正・更改である。

行為体がみずからを構成する機能モジュールの統合の仕方を再編するのは決して奇異なことではない。物理学者がモデルを擁する仕方に倣ってのことである。物理学において、もはや動かしえない物理法則に境界条件を課すことができる、という記述を認めることは、物理学者がそのモデルの中で境界条件を設定・規定するのを認めることと同義である。これは運動そのもののうちに運動の記述が含まれることをもたらす。とすれば、運動の記述を外部観測者である物理学者に限定する必然性はない。そこに、自分を含む世界のモデルを擁する行為体の意義が現れてくる。

行為体が設定した世界モデルは記述であるため、そこに現れる主語を規定するのは類・クラスである。述語に配置された類・クラスは、それ自体でその内容を改変・更改することができない。これは、われわれの保持する言語の利点であると同時に、やむをえない欠点でもある。不変かつ普遍な対象を恒存する類・クラスを用いて記述することは可能だが、対象の変化や進化になると、これまでの流儀をそのまま借用することはできない。そのわれわれの脳が、これまでの長い進化過程を経たあとに獲得した言語を用いて脳のありようを記述しようとすると、言語の持つ潜在能力をできるだけ脳の持つ能力に近づけることが求められる。

時制と世界モデル

そこに現れる一つの問題が、言語にともなう時制である。対象を恒存・不変に限定するなら、これまでの慣行のとおり、三人称現在形の記述の優位は揺るがない。しかし、「今ここ」を現在形で適切に記述できるか、という問いに三人称現在形の記述で答えようとすると、心ならずも自己撞着に陥る。仮に答えられたとするなら、「今ここ」は三人称現在形に着地させられ、恒存・不変な対象と化してしまう。一方、「今ここ」を経験現象として捉えると、それは経験が可能になる現場の特異性を現していることに気づく。その特異性を時制で捉えると、現在完了形と現在進行形の接点であることが分かる。「覆水盆に返らず」という警句は、「今ここ」でこぼれた水、という完了形に登録された事態が、四方八方にその水が流れ続ける、という進行形の事態に接続されていることを指している。

ところが、完了形を更改する進行形は、経験に直結していながら、記述としては現在形に比べてあまりにも煩雑で、かつ輻輳を極める。しかも、経験科学の実践は現在形の記述を当然視する。この錯綜した事態の打開策が、完了形を更改する進行形と現在形の融和である。その融和を実装する一つの策が、行為体による、当の行為体を含む世界モデルの設定であり、これを実際に実行しているとみなされるのが、われわれの脳である。

われわれが経験した事実からそれらを統合する原因を想定するとき、脳に対して膨大な計算コストの支払いが要求されるなら、事前に原因を想定し、そこから結果を推論する、という次善の策が採用される。これは、われわれがある世界モデルを採用することに対応する。モデルの中では、原因のイメージの樹立が先行する。これは脳内でイメージの樹立を求めることになり、対応する電気信号の処理が頭頂葉から後頭葉に向けて進行することになるが、個々の経験を統合するときには、その処理の方向が逆転する（Dentico, Cheung, Chang, Guokas, Boly, Tononi, and Veen 2014）。これは三人称現在形に則った機械論モデルとは異なるものである。

4　イメージをもたらす運動

機械論モデルにあっては、統合を可能にする拠り所は、最初に設定された原因にある。そのため、結果を統合するために新たな統合原理を導入するのは、求められてもいない余計なこととなる。カントはそれを承知の上で、事後にわれわれが行う反省のためだけに新たに統整原理を導入することを容認した。この統整原理の導入の仕方は、もちろん妥当だが、いささか屈折している。機械論モデルを厳守しながら、われわれのためだけの統整原理を導入しているからである。物質世界そのものにこの原理が適用されるか否かに関して言及はない。この統整原理をあえて導入すると、脳で処理される個別事象とその統合に対して、先に統合をイメージすることを必要以上に強調することに対応する。その結果、頭頂葉から後頭葉に向かう信号の流れを、それに逆行する流れに比較して過大に評価する、という事態をもたらす。物質現象としての、われわれの脳が可能にする個々の経験事実とそこからの統合の寄与が必要以上に過小評価されてきたことが、その意図せざる副作用である。

これは過小評価だ、という判断を下したのは、カントからおよそ一〇〇年後の古典物理学者ヘルツである。古典力学の核心は、物事のイメージから推論される結果と、物事の推移からもたらされる結果のイメージが一致することを求めるところにある（Hertz 1899）。このことをヘルツは見抜いた。古典力学にあっては、運動原因の設定の段階で、統合の完了を求める。古典力学が予測する日食は、建て前により、その完了が織り込み済みである。

ところが、イメージを持つというのは、イメージを抱くものが行う統合へ向けての試みである。その統合が原因と結果の両方に現れる。それを脳内で実現する信号の流れに則して参照するなら、頭頂葉と後頭葉の間を流れる電気信号は双方向的になる。一方向の流れだけ強調することにはなっていない。理論は統合される対象としてのイメージの抽象を先行させるが、理論の対象となる現象にあっては、いつも統合されるイメージへ向かう運動が理論そのものより先行する。抽象化されたイメージに基づく運動はすでに抽象化された構成員に課される操作から生じるのに対して、イメージを統合する運動はあくまでもその構成員となる個々の具体的事象に由来する操作の統合から生じてくる。

古典力学を範とする理論科学は、抽象されるイメージと統合されるイメージを同一視するという独特な方法論の上に立っている。古典論は古典論を成り立たせる条件と一体になって現れる。その条件とは、それとして同定される対象であるため、観測行為をともなう。しかし、古典論はみずからの成立を保証する観測がいかなるものであるかを明かしてはいない。

なぜわれわれは生き延びてきたのか

この状況にあって、われわれは、哲学者からの隠然とした、しかも計り知れない影響のもとで、具体的な物事の統合を因果作用における原因に求める、という策を採用してきた。その範を率先してわれわれに示したのがカントである。その例証は、論理学や数学で広く受け入れられてきた一階述語論理にも認められる。統合の象徴としての命題は、その証明が求められる対象である。証明されるべき対象が最初に与えられる、とするのがそこでの慣習であり、それを物質世界にも忠実に適用しようと試みたのが機械論モデルである。機械論モデルにあっては、統合はすでに完了している。その方法論に関するかぎり、そこに瑕疵は認められない。機械論モデルの長所でもあり、またその限界でもあるのが、その無謬性である。しかし、われわれの脳は、方法論として瑕疵のないものをすべて受け入れるほどのゆとりを持っていない。この脳という器官をともなったわれわれがこれまで生き延びてきたのは、可能なものをすべて受け入れてきたからではなく、受け入れるものを実効的に生存・持続に有利に働いてきたものにかぎってきたからである。決め手は、生物種としてのわれわれにとって有益であるか否か、である。

そこで脳を持つ行為体が実用上の観点から採用してきたのが、自分の分身をその中に置く世界モデルである。分身は、機能モジュールを統合した機械論モデルを用いて推論を行う。その統合は生身の行為体に負っている。ここにおいて、推論モデルを用いて行う分身の予測は誤りをいっさいともなわないと想定することはできない。その誤りを検知し、推論モデルそれ自体の修正を行うのは、生身のほうである。生身は絶えずモデルとデータの間のずれの解消に努める。推論の結果が事後に具体的なデータと照らし合わせて誤りであることが判明したとき、責任をとらされるのは分身のほうである。その失敗した分身を打ち捨てても、もちろん倫理上の問題はいっさい発生しない。善後策は、生身のほうが気を取り直して、また新たな分身をモデルの中に送り込むことである。

このいささか身勝手な便宜策を発明したのは、われわれの脳ではない。その手本は、はるか遠い生命の起源にまで遡る。

第Ⅷ章　生命の起源にたどりつく

われわれの脳を典型例とする感覚運動統合体にとっての最低限の要件は、まわりを観測することのできる物体の出現である。これは、感覚運動が出現可能となる物質世界は原子と分子から成り立っていることを認めるのとほとんど等価である。にもかかわらず、今日に至るまで、感覚運動を見出すことができないという前段階から出発して、それが出現したとする実験による確たる証拠はいまだ得られていない。生命の起源に至るまでの化学進化実験は多数の研究機関で試みられながら、これまでに得られてきた成果は、生命現象を担うとされる個々の分子部品の合成にとどまる。もちろん、分子部品の合成は欠くことのできない過程だが、それらの分子部品を集積して感覚運動体にまでもっていくには、そのための集積工場が必要となる。自動車部品の山を用意しても、そこから完成品としての自動車を期待することはできない。ここで必要とされるのは、分子部品を適切に集積する工場を建設するための青写真である。

ところが、生命が出現したとされる原始地球上でどのような分子集積工場が可能になるかを想定してみると、その青写真が精緻になればなるほど実現の可能性が低くなるのが分かる。原始大気は二酸化炭素で充満しており、地表や海面上は宇宙線に加えて太陽からの紫外線にもさらされ、地球そのものを造り上げた星間宇宙からの塵、隕石落下の余韻も継続中である。海底も、ところどころで熱したマグマにさらされたままである。仮に青写真を広げても、当時起こりえた天変地異によって無残に引き裂かれるのが落ちである。とすれば、青写真そのものは原子と分子のうちにすでに宿されていたのではないか、という窮余の一策が浮かび上がってくる。原子と分子のうちに宿されているのなら、まわりの異変にいちいち動じる懸念は低減されていく。

生成の条件

この原子と分子に宿された青写真の意義を積極的に評価するには、まずそれがこれまで悪評をこうむってきた生気論や物活論の新たな焼き直しでないことを明らかにすることが、蛇足ながら必要になる。ここで水素分子、窒素分子、酸素分子がそれぞれ一個ずつ入った密閉された箱を想定してみよう。酸素分子は水素分子と結合して水分子を、あるいは窒素分子と結合して一酸化窒素を生成することができる。合成された分子の安定性は、構成する原子間の結合が軌道電子を共有する共有結合であることによる。化学親和性は物質由来でありながら、反事実条件法の担い手にもなる。反事実条件法の担い手とは、みずからが観測する条件次第で別様の経験を可能にする行為体であることを指す。酸素分子は、直近に窒素分子を見出すことができなくても、それに会合することがかなうなら、一酸化窒素あるいは二酸化窒素を生成する化学親和性を保有している。

酸素分子は水素分子と窒素分子のいずれとも個々に共有結合を形成できる化学親和性をともなう。どちらの共有結合が実現されるかは、共有結合よりさらに弱い相互作用、例えばファンデルワールス相互作用を介して、直近にあるのが水素分子なのか、窒素分子なのかを判別することによっている。もちろん、その判別は化学者が外部から行う外部観測とは異質である。酸素分子自体による識別である内部観測とは、酸素分子が水素分子と共有結合を形成し始めたとき、その水素分子が突如として窒素分子に入れ替わることがないことを保証する識別である。

内部観測の特徴は、観測体が相手側を同定している最中に相手側がその同一性を変えないところにある。同じく、観測体も相手側によって同定されるため、相手側による同定の最中にその同一性を変えることはない。もし変わるのであれば、内部観測体は新たなものに更改されることになる。酸素分子と水素分子が共有結合を形成しつつある状況を内部観測として捉えるなら、酸素分子は相手側の水素分子の同一性を捉えており、同じく水素分子も相手となる酸素分子の同一性を捉えている。ここで、ひとたび水分子の生成が完了したなら、生成された水分子が新たな内部観測体として、後続する化学反応に再び関与できるようになる。

化学結合に関わる二つの分子が互いに相手を同定していることは自明であり、あえて内部観測を参照するまでもないように見える。物理化学や無機化学では、内部観測の参照は確かに冗長である。しかし、生化学に目を転じると、状況は少し違ってくる。遺伝子として機能するDNA分子の同一性は、それを構成する個々の核酸分子A、T、G、Cが同種の、しかし個体としては別のA、T、G、Cにそれぞれ交換されても、遺伝子としてのDNAの同一性を維持する。だからこそ、法医学では遺伝子としての同一性でDNAを用いることによる個人の同定を是とする。ここに、物質交換を介して同一性を維持できる化学分子が内部観測の対象として新たに登場することになる。と同時に、物質交換を介して同一性を維持できる化学分子をそれとして同定することのできる内部観測体も新たに登場する。

物質世界のうちに、物質交換によって同一性を維持する化学分子と、それをそれとして同定する内部観測体が現れると、それまで可能でなかった新たな事態が経験世界のうちに出現する。物質交換によって同一性を維持する化学分子の繰り返しの出現がそれである。これは生成された化学分子が物質交換を介して引き続き同種の化学分子に再生され直す条件を内部から同定することを意味する。この同定は、化学親和性の働きかけによって実現する。内部観測体としての化学分子が物質交換によって類としての同一性を維持する化学分子に繰り返し再生されるというのは、その同一性を維持する化学分子を生成する条件を繰り返し同定することと同義である。生成物を取り囲む状況が生成の最中に激変しないかぎり、当の生成物は、再び同じ類に属する生成物に再生される条件を、その内部から同定する。生成への条件の同定が同一性をともなう生成物を保証し、生成物の同定が同一性をともなう生成の条件を保証する。生成の条件を生成物とともに内部から同定するとき、それは先行する生成物から同類の生成物を再生することをもたらす。

生成物が再生の条件をその内部から観測するとは、それが持続する一人称行為体とみなされることを指す。内部観測は、再生に向けての働きかけである化学親和性をともなって現れる。そのため、行為体がそれ自身の持続を可能にする条件の観測に失敗するなら、行為体そのものが成り立たなくなる。

生命現象と物質交換

ここで物質交換に着眼するのは、生命の起源が物質現象に求められるかぎり、生命現象の公分母である物質交換の起源も同じく物質現象のうちに求められると考えられるためである。鍵は、生命現象が物質交換をもたらすのではなく、物質交換が生命現象をもたらす、という反転にある。そこで具体的に課題となるのが、物質交換を担う候補になりうる物体ははたしていかなる条件を内から見定めることでその交換を実際に実現するに至るのか、という内部観測を担う物体にまつわる、その素性である。われわれにとっての生命の起源への課題とは、物体がそれ自体で見定めることのできる物質交換の条件に、われわれに固有の言語や意識を介して、どれほど肉薄できるのかにある。

物質交換とは、先行する交換が後続する交換を可能にする条件を提供する運動である。そのため、前後する交換の間にその継起を保証する、物質由来の親和力が働くことによって、その交換運動が現実に物質世界に定着することになる。物質交換が働きかける親和性が及ぶ相手先は、同類の物質交換を誘起する新たな運動そのものである。物体内に履歴をともなってとどまっている物質による、その物体外からの新たな物質の引き込みが、物質交換を可能にする親和性そのものの現れである。ここでの物質の引き込みは、あくまでも化学親和性に由来する。決して、物質とは無縁の新たな能動作用の持ち込みを想定しているのではない。

物質がともなう履歴とは、しばし物体内にとどまる物質がその物体内に入り込んでから、再びその外に出ていくまでの経緯を参照しているのであって、参照する相手はあくまでも当の物質そのものである。その履歴が度重なる物質交換を経ても安定的に持続するとき、当の履歴をともなう物質は物質交換を可能にする物体がそのために参照する記憶媒体となる。履歴をともなう運動とは、記憶を読み取り、それを解釈する運動を指す。記憶媒体をそれとして読み取るのは、当然のことながら物体であって、外部観測者であるわれわれ経験科学者ではない。このとき、物質交換が物質交換の同一性を保証する。それが単なる同義反復でないのは、同一性が確保される相手が具体的な個ではなく、類に限定されているためである。個は絶えず交換されつつある。しかも、類を生成する経験は、あくまでも具体的な個の交換という操作の上に立っている。

さらに、継起する生成を繰り返す間に、しばしの間にかぎって交換されずに生成物内にとどまることのできる構成原子は、時制の変化を受けながらも同一の個であり続ける。その個が継起する生成物間に実現する化学親和性を担い、しばしの間そこに居続けたという経過をともなった具体的な記憶媒体となる。この記憶媒体が、交換運動の継続を可能にする親和力、すなわち継起する交換をもたらす親和力の担い手である。記憶媒体は時制の変化をまたいで作用する。しかも、またぐことができるのは「今」にかぎられる。これは、履歴をともなう経験を可能にするのが持続する「今」にかぎられていることによる。

この持続する「今」においてのみ機能する記憶媒体は、物質交換において入れ替わることのできる個に向けて発揮される化学親和性の一方の担い手である。この記憶媒体が、物質交換と称する運動を実現する「今」、すなわち異なる時制が抽象されてくる以前の「持続する今」に、その物質基盤を提供する。物質世界にあって、生物を含む有機物質を特徴づけるのは、「今」においてのみ機能する具体的な個としての記憶媒体の出現である。物質交換体は、交換される個に及ぼされる交換に向けての親和性の起源を、それによって維持される類の同一性に求める。物質世界を生命と生物に対して開かせるのが、この物質交換である。

「持続する今」

ところが、物質運動を司る物理科学で認められてきた運動法則の特徴は、あくまでも個の同一性を維持し続ける変換過程への着眼にあった。確かに、原子や分子などの個に関わる運動法則が時間の並進変換に対して不変である、という要請からエネルギー保存則が導かれる。それを可能にしたのが、その個の不変性と整合する物理科学に固有の無時制の時間であった。それに対して、生物を可能にする運動の特徴は、個の交換を認めつつ進行する、類の同一性を保存する変換過程に帰着する。その個の交替という変化を類の不変性に接続するのが、交換運動を担うことのできる「持続する今」である。そのため、類の同一性を保存する変換過程を司る時間は、個の同一性を不変に保つ、物理で受け入れられてきた無時制の時間とは異なる。類の同一性を保つのは、構成因子である個の交替を可能にする時制の更改である。その更改を担うのが、「持続する今」、履歴を抱え込む「今」である。

生成が生成物を保証し、生成物が生成を保証するというのは、それだけで悪しき循環論法に堕することにはならない。ここに現れる、同一性を維持するとみなされる化学分子は、物質交換が介入しているため、個としてはすべて別物である。そのため、悪循環に陥る危険をみずから回避しつつ、逆に物質交換の実現を保証する。その個としては別々である対象を類として同一視するのが、それに関わる内部観測体である。このことが可能となるために、経験世界のほうから提供される条件に課される要件は、さほど苛酷なものではない。物質交換体が出現したなら、その持続を可能にする条件の探索・同定に向けての運動が、同じくこの交換運動に含まれる。持続を可能にする条件の内部観測が、持続を定着する運動をともなって現れることになる。

ひとたび物質交換という循環が始まったとき、それが持続するために求められるのは、物質交換体の観測する外部条件が、それがどのようなものであろうとも、循環開始以降もあまり変わらないことだけである。地球上に出現した生物に関するかぎり、今からおよそ四億四〇〇〇万年前の後期オルドビス紀からシルル紀に至る約二〇〇〇万年の間に八五パーセント程度の生物種を絶滅させたとされる原因として有力視されているものには、次の二つがある。銀河系のどこか、おそらく太陽系から数千光年離れたところで生じた超新星爆発、あるいは中性子星同士の衝突にともなって発生する超高密度のガンマ線に数秒間さらされたことによる後遺症とみなすのが、その一つである（Melott, Lieberman, Laird, Martin, Medvedev, Thomas, Cannizzo, Gehrels, and Jackman 2004; Piran and Jimenez 2014）。もう一つの候補は、海底に堆積していたオキシ水酸化物による海中酸素濃度の低下によって引き起こされた鉄、モリブデン、鉛、マンガン、ヒ素などの有害金属の海中への溶出と、その海面への上昇にともなって生じた、浅い海水中に残存する新たな酸素との会合、酸化、再沈殿の繰り返しによる酸欠のさらなる昂進である（Vandenbroucke, Emsbo, Munnecke, Nuns, Duponchel, Lepot, Quijada, Paris, Servais, and Kiessling 2015）。また、およそ二億五二〇〇万年前のペルム紀と三畳紀の境界において、海洋生物種の九六パーセント、陸上脊椎動物種の七〇パーセント程度が絶滅した。その主な原因は、当時異様に発生した特異なメタン生成菌（火山噴火によって大量放出されたニッケルイオンを触媒として利用し始めたメタノサルシナか）と、その後遺症としての地球規模での酸欠状態だったとされる（Rothman, Fournier, French, Alm, Boyle, Cao, and Summons 2014）。しかし、それらの度重なる深刻な絶滅期を経ても、持続する生物現象そのものが地球上から消滅してしまうことにはならなかった。

個と類を仲介する親和性

物質交換による持続現象は、その現象自体が交換される物質をまわりから引き込む、という親和性を発揮する。そのため、現象を取り囲むまわりの条件が少々変動しても、内部由来による、まわりから物質を引き込むという親和性そのものが直に損傷をこうむることは避けられる。そして、まわりから物質を引き込む運動が、後続する同様の引き込み運動を保証する。内部観測体がひとたびその再生を可能にする条件を同定できたなら、その外部条件が激変しないかぎり、当の内部観測体の繰り返しの再生が保証される。持続する再生を前提とする内部観測体は、その再生を可能にする条件をみずから見出すなら、そこで持続の実現をはかる。この再生は、内部観測体を支える物質交換に固有の化学親和性の働きによる。物質交換の継続を保証する運動、先行する物質交換が後続の物質交換をもたらすという運動が、その根底にある。すなわち、類の同一性の維持を、履歴をともなった個との間に働く物質由来の「今」においてのみ機能する化学親和性に求める、という運動がそれである。化学親和性には、両立することなく競合する親和性のうち、いち早く資源を獲得するものが事態を制する、という内生の選択能が備わっている。履歴をその資源とする化学親和性は内生の選択能に基づき、持続する物質交換を定着させていく。

持続を重視するのは物理科学でも同様である。その範例が、ガリレイによる慣性だった。ガリレイの実験そのものは、あくまでも進行形にある事態を参照している。その結果がニュートンに引き継がれ、古典力学として集大成されるに至って、持続としての慣性が三人称現在形で参照される慣性にまで抽象化され、純化されるまでになった。しかし、古典力学は、経験世界において可能となる持続現象が慣性にかぎられる、と断定はしていない。そのため、持続を与える現象として慣性以外に候補はないのか、という問いは決して禁句ではない。その傍証は生化学から容易に入手できるが、そのためには守るべき条件が一つある。参照する持続の記述を三人称現在形に限定しない、という節度がそれである。

一人称行為体にとっての時間

三人称現在形で運動を記述しようとすると、現在形で指定された無時制の、現在時での状態を参照する記述が避けられなくなる。状態は、それだけで自存・自立する表象である、という何にも代えがたい利点を有する。しかし、この仕組みのままでは、物質交換運動を担う持続を記述することはできない。交換の前後の状態は記述可能だが、交換の最中がいかなる状況にあるかは、表象のみによっては記述可能にはならない。物質交換は状態と同一視される表象ではなく、あくまでも交換する対象と交換される対象を指し示す指標であり続ける。指標を操作する一人称行為体が物質交換を担う。

三人称現在形にとどまり続けるかぎり、記述される運動には状態と持続の共立が求められ、それを容認する持続は、つまるところガリレイの慣性に落ち着く。状態と共立する持続から導かれる時間は状態の不変性と整合しなければならないため、無時制となる。そこでの状態の変化は、あくまでも外来因に由来することになる。

一方、物質交換を担う一人称行為体にとっての持続は、状態との共立を求めない。物理と生物を分ける一つの鍵は、状態と持続がはたして共立するか否か、という問いにいかに答えるかにある。無時制の時間を容認し、静止する自存・自立を建て前とする状態に対して、一人称行為体をもたらす持続は継起する「今」を連結する運動そのものである。一人称行為体の持続から導かれる時間は、交換運動がそうであるように、途切れることのない時制の更改に拠って立つ。この途切れることのない連結運動は、この地球上において、少なくとも生命の起源以来、破綻することなく一貫して存続してきた。履歴をともなう運動の前歴を明かす試みに着手するなら、ついには履歴をともなう運動の起源にたどりつくことになる。

原子と分子のうちに、のちの生物組織体に通じることになる青写真が蔵されているというのは、単なる比喩ではない。それは、組織体を構成することになる個が履歴を参照することで、新たに全体をその内から経験するのを可能にする親和性を獲得することによる。個から類としての全体が立ち上がるのは、個と類の間を仲介する親和性の働きによる。その親和性を実現する物的手段を物質交換が担う。

生命の起源にたどりつく

生物を可能にする持続、物質交換に基づく持続に立ち会えるのは、今まさにここで進行しつつある経験、あるいはその代替としての実験の現場においてである。しかも、その「今」は、生命の起源以来、途絶えることのなかった連綿とした履歴の上に立っている。その現場を原始地球上に求めようとするなら、状況証拠から候補がいくらか絞り込まれてくる。その候補に求められる要件には、持続を可能にする高温熱源、有機小分子などの資源がまわりにあること、それらの資源を消費することによって発生した廃棄物や低温廃熱の捨て場がまわりに確保されていること、持続が発生しかかっている初期の微妙な段階でそれを滅茶苦茶にするような外乱にさらされないことなどがある。ここで問われているのは、われわれが設定したこの条件を、みずからの持続の条件として観測することのできる内部観測体がはたして出現しうるか、である。この持続する内部観測体の出現は、理論的ではなく、あくまでも経験的な課題でしかない。

生物へと至る物質進化は、物質が反事実条件法の担い手となる化学親和性を観測に利用し始めたことの一つの現れである。反事実条件法が成り立つ経験世界のうちに現れることのできる持続する観測体は、絶えず持続を可能にする条件を反事実と対比させながら探索し続ける。生物の出現に通じる持続現象をもたらす物質手段は、単なる化学親和性ではなく、分子を構成する原子の交換を可能にする新たな化学親和性がそれを担う。生物が物質交換をもたらすのではなく、物質交換が生物をもたらす、という反転が、その背景にはある。物質交換はガリレイの慣性と並び立つ、物質由来の新たな持続性となる。

ガリレイの慣性は、三人称で参照される物体が示す受け身の持続を指す。一方、物質交換は、一人称記述を用いて物体を参照したときにおのずと現れてくる能動的な行為の持続を指す。物体は観測能を持つことで一人称行為体と化す。

われわれが言語において普通名詞を多用するのは、物質交換がそうであるように、それが類同一性の参照を可能にするためである。その言語の出現が経験事象だとすると、経験事象のうちに類同一性を抽象する運動がすでに確保されていることを暗示する。個の不変性に立脚する物理に対比して、生物は個の交換によって支えられる持続する類の同一性に照準をあてる。

終章　「持続する今」をもたらす親和性

生命の起源を記述するために

われわれは森羅万象に関心を持つと言われる。しかし、この大言壮語には奇妙なねじれがつきまとう。われわれは、きわめて特異な生物種に属する一員でしかない。その特殊な構成員でしかないわれわれが、われわれを含む物質世界のすべてについてもの申すことができると考えるのは著しい逸脱である。何事についてももの申したいという希望を述べることと、それを保証することは、まったく異質な事柄である。

生物を関心の及ぶ対象と設定したとき、何か組織だったものがそこにある、と表明する誘惑に駆られる。しかし、そこには避けがたい制約がつきまとう。言語を用いてその関心の向けられた対象を記述しようとするとき、述語に何を選択するかについての基準はあってなきがごとしである。そうでありながら、何がしかの選択は避けられない。主語に置かれた組織体は、われわれが任意に選択した述語による分析を受けることになる。ここにおいて、生物組織体は原子と分子という物質で構成されているのだから、原子と分子を用いて分析されるべきである、という論は、見かけ上、正当でありながら、文字どおりの実行は可能ではない。そのため、述語には生物組織体の分析にかなうものが選ばれる。酵素、遺伝子、染色体、細胞内小器官、細胞などが、その典型例である。それらが成功事例になりえたのは、選ばれた述語それ自体がすでに十分な組織性を備えていたからである。

ところが、生命の起源が対象となると、それを記述するために、あらかじめ生命組織体を前提とした述語を選択することはできない。そうであるにもかかわらず、われわれの知る生命組織体は原子と分子で構成されている。ここでの火急の課題は、原子と分子を基本述語に配することを容認しながら、そこからいち早く中間段階の組織性にたどりつく方策として、何か手頃のものがないかどうかを探索することになる。

　ここでヒントになるのが、経験現象とその具体性である。経験の相手となるのは、必ず具体的な個である。しかも、経験を介することによって個の間に新たな親和性が現れるなら、あるいは、経験そのものの成り立ちが個の間に可能となる新たな親和性の現れであるのなら、それによって新手の組織性の樹立が期待される道が開けることになる。これはガリレイが意図した物理学とはまったく異なっている。

　ガリレイは、物体から観測行為を含む精神的な色彩のあるものをいっさい排除し、その抽象化された物体から逆に物質世界を構成するあらゆる組織体が立ち上がる、と考えた。この物質世界から排除された精神に光をあてたのが、ガリレイに続くデカルトだった。ところが、このガリレイとデカルトによってもたらされた仕組みこそヨーロッパ諸学を危機的状況に陥れた元凶である、として断罪したのが、二〇世紀前半、最晩年のフッサールである。しかし、フッサールの備えは万全ではなかった。メルロ＝ポンティはフッサールが設定した現象学の路線、余計な抽象を可能なかぎり退ける路線を踏襲しながら、物体に主観性を回復する道を開いた。にもかかわらず、新たな親和性の発露は手つかずで未開拓のままとどまることになってしまった。デカルトによる主客分離を批判的に乗り越えながら物体に主観性を回復させるには、その物体が物理科学で遭遇する物体と比較したとき、明らかに定性的に異なることを具体的に開示することが求められる。

意識に満ちた熱力学現象

現象学の利点は、確かに経験における具体性の温存・尊重にある。その現象学を哲学と無縁の仕方で実践したのが、現象としての熱力学であった。熱力学現象は、すでに意識に満ちている。ここでの意識とは、経験の場で受け身から能動への変換を可能にする作用連鎖を指示する指標として捉えられる。その指標によって指された対象を解釈し、それに基づいて新たな能動決定を可能にするのが、行為体である。そのため、経験の場に現れる行為体は、何であれ、意識をともなうことになる。ただし、ここで注記が一つ必要になる。少なくとも、われわれ人間は、意識をインデックス・指標としてばかりでなく、指示対象をともなわない普通名詞として、あるいはシンボル・表象として活用することも可能にする。そのため、抽象化された意識は、その利点とともに、意識とはいかなるものか、という難問も新たに抱え込む。一方、熱力学現象に満ちている意識は、あくまでも受け身から能動への変換という具体的な作業を参照する指標に限定されている。

熱力学現象から抽象された熱力学理論の特徴は、一六六一年のロバート・ボイル、一七八〇年代のジャック・シャルル、それに一八〇二年のジョセフ・ルイ・ゲイ=リュサック（一七七八―一八五〇年）によってまとめ上げられた「ボイル=シャルルの法則」に認められる。しかし、「ボイル=シャルルの法則」は、気体の圧力、体積、温度の間に一定の関係が成り立つことを明かしながら、個々の圧力、体積、温度の値がどのように定まるかまでは明かしていない。これは、ボイルとシャルルが熱力学現象から熱力学理論を抽象したため、その現象がもともと持っていた具体性を削ぎ落としてしまったことによる。ここで課題となるのは、その具体性をいかに回復させるか、それに意識がどう関わるか、である。

熱力学現象は、もともと内部で観測が行われることを容認する。気体のある小さな領域での圧力、温度と称する強度、示強変数の値が具体的に定まるというのは、その小さな領域がまわりからの圧力や温度を観測することの言い換えであり、だからこそ、気象学者が気球を上空に上げることで上空定点での気象データの定時観測をすることが可能になる。強さを示す変数は、強さの発生源をそれが働く相手に関係づける定量指標である。

熱力学理論は、示強変数である圧力と温度を、状態の指定によって定まる状態変数とみなすが、その変数値を具体的に決定する能力は備えていない。理論で想定される状態は、他をあてにすることなく自存・自立するというかけがえのない利点を有しながら、それがいかなるものであるかを具体的に決定することはしない。示強変数が状態変数に還元され、その変数値を決定する能力を欠くに至ったのは、あくまでも理論由来の抽象、指標を表象に置き換えるとする抽象を受けたことによる。

一方、熱力学現象にあっての圧力と温度は、観測点のまわりの環境が示す圧力と温度のままであり、内部由来の観測によって確定されることを前提とする。理論が抽象される以前の熱力学現象の記述にあっては、定量化される指標を用いて具体的な対象である他を直接に参照するという指示作用、あるいは意識作用の原型が、あらかじめ備わっていることになる。

時制をまたぐ親和性

この熱力学現象から示唆されるように、物質が意識とも称される観測能をともなうとすれば、それは物質が示すことになる組織化に対しても計り知れない影響を与える。物理科学で遭遇する物質組織体は、通常、凝縮物体と称される。その凝縮物体を特徴づけるのは、物質要素、例えば原子が近くに見出される別の原子との間に維持する親和性である。その親和性の典型例としては、静電作用がある。空間をまたぐ親和性によって維持される組織体が、物理科学で経験する組織体になる。ここでは、当然のことながら、状態変数あるいは状態関数による現象の記述が有効である。他を参照することを特徴とする示強変数がそのまま組織化の主役を担う、という意見表明に接することはめったにない。

しかし、生物現象を取り上げてみると、そこで可能になる生物組織体や有機体は、常にまわりを参照するという意識の作用によって、自分にとって必須となる資源の取り込みに専念する。この資源の取り込みをもたらす動きは、獲物に狙いをつけてからそれが捕獲されるまでを結びつける、時制をまたぐ親和性、すなわち履歴をともなう物質間に働く親和性による。物理学は無時制を建て前とするため、そこでは異なる時制をまたぎ、かつ接合するという問題そのものが不在になる。物理学が容認してきたのは、あくまでも無時制で可能になる親和性だった。それに対して、生物に固有の組織全体性の構成を下から担うのは、個による時制をまたぐ親和性である。これは、全体が個に働きかけるのではなく、個が全体をその内から経験する、という意味である。全体は個の経験から産まれてくる。親和性が働くのはあくまでも「今」においてであるが、その親和性を担う物体に履歴をともなう物体が参入し始めると、履歴を「今」において参照する運動が新たに登場する。全体は、この履歴を「今」において参照する運動から立ち上がる。

生物と物理を分ける鍵は、この化学親和性の実現において、異なる時制を接続する履歴をともなうか否かにある。同じ物質運動でありながら、物理と生物を分ける分水嶺は、その基本述語が状態なのか、それとも履歴なのかを見定めることにある。生物はその内から外に向けて働きかけることを特徴とするが、それは摩訶不思議な何かが内に秘されていることを意味しているのではない。内から外へ向けての働きかけは、履歴をともなった物体が外に向けて発揮する親和性の現れにすぎない。この親和性そのものは化学に由来する。

改めて、経験とは何か

そこで浮上するのが、時間の素性である。物理では、抽象を受ける以前の「持続する今」ではなく、すでに抽象を受けた前後関係のみに留意する無時制の時間を重視する。それに対して、時間の最も素朴かつ具体的な姿である「持続する今」、履歴を参照することのできる「今」に、明示的に着目し始めたのが生物である。その生物の一員には、言語を操るわれわれも含まれる。しかも、言語のうちに現れる時制は「持続する今」からの抽象であり、無時制の時間は時制からのさらなる抽象であって、他の時制を制して現在時制のみを特別視する。

生物組織体は、物理組織体と同じく物質現象でありながら、明らかに異なっている。われわれは、生物と非生物の違いを、ほとんど一瞬のうちに、しかも間違いなく識別する。ここで、どうしてそのようなことが可能になるのかが、深刻な課題として浮かび上がってくる。生物であれ、非生物であれ、組織体は組織体要素の間に働く親和性を前提とする。とすると、その親和性の働き方が生物と非生物の間で異なる、という解決策しかありえないことになる。

本書で試みたのは、生物を特徴づける物質由来の親和性の探索である。その候補が、無時制の下で物理組織体をもたらす親和性に対比される、異なる時制の間をまたぐことのできる持続する親和性であった。その異なる時制をまたぐ親和性の実例は、物質交換に見出される。生物組織体の成り立ちは、この異なる時制の間をまたぐ履歴をともなった親和性の特異さに求められる。

経験とは、異なる時制をまたいで発揮される親和性の別名である。

文献一覧

Applebaum, David 2008, *Probability and Information: An Integrated Approach*, 2nd ed., Cambridge: Cambridge University Press.

Arecchi, F. Tito 2011, "Phenomenology of Consciousness: From Apprehension to Judgment", *Nonlinear Dynamics, Psychology and Life Sciences*, 15 (3), pp. 359-375.

Barbour, Julian 2009, "The Nature of Time", Available online: http://arxiv.org/abs/0903.3489 (accessed on 22 June 2011).

Bateson, Gregory 1972, "Form, Substance, and Difference", in *Steps to an Ecology of Mind*, Chicago: University of Chicago Press.（G・ベイトソン『精神の生態学』（改訂第二版）、佐藤良明訳、新思索社、二〇〇〇年）

Bedau, Mark 2002, "Downward Causation and the Autonomy of Weak Emergence", *Principia*, 6 (1), pp. 5-50.

Bell, John S. 1964, "On the Einstein Podolsky Rosen Paradox", *Physics*, 1 (3), pp. 195-200.

Bennett, Charles H. 1973, "Logical Reversibility of Computation", *IBM Journal of Research and Development*, 17 (6), pp. 525-532.

Birkhoff, George D. 1927, "A Mathematical Critique of Some Physical Theories", *Bulletin of the American Mathematical Society*, 33 (2), pp. 165-181.

Bitbol, Michel 2012, "Downward Causation without Foundations", *Synthese,* 185 (2), pp. 233-255.

Bohr, Niels 1934, *Atomic Theory and the Description of Nature,* Cambridge: Cambridge University Press.（ニールス・ボーア『原子理論と自然記述』井上健訳、みすず書房、一九九〇年）

Botvinick, Matthew and Jonathan Cohen 1998, "Rubber Hands 'Feel' Touch That Eyes See", *Nature,* 391, p. 756 (doi: 10.1038/35784).

Brillouin, Léon 1951, "Maxwell's Demon Cannot Operate: Information and Entropy. I", *Journal of Applied Physics,* 22 (3), pp. 334-337.

Bringsjord, Selmer and Michael Zenzen 1997, "Cognition Is Not Computation: The Argument from Irreversibility", *Synthese,* 113 (2), pp. 285-320.

Buchanan, Bob B., Wilhelm Gruissem, and Russell L. Jones 2000, *Biochemistry & Molecular Biology of Plants,* Rockville, Md.: American Society of Plant Physiologists.

Capurro, Rafael, Peter Fleissner, and Wolfgang Hofkirchner 1997, "Is a Unified Theory of Information Feasible?: A Trialogue", *World Futures,* 49, pp. 213-234.

Carathéodory, Constantin 1909, "Untersuchungen über die Grundlagen der Thermodynamik" ("Researches on the Foundations of Thermodynamics"), *Mathematische Annalen,* 67 (3), S. 355-386.

Chow, Timothy Y. 1998, "The Surprise Examination or Unexpected Hanging Paradox", *American Mathematical Monthly,* 105, pp. 41-51.

de Finetti, Bruno 1937, "Foresight: Its Logical Laws, Its Subjective Sources", *Annales de l'Institut Henri Poincaré,* 7, pp. 1-68. Also in *Studies in Subjective Probability,* edited by Henry E. Kyburg, Jr. and Howard E. Smokler, New York: John Wiley & Sons, 1964, pp. 93-158.

Dentico, Daniela, Bing Leung Cheung, Jui-Yang Chang, Jeffrey Guokas, Melanie Boly, Giulio Tononi, and Barry van Veen 2014, "Reversal of Cortical Information Flow during Visual Imagery as Compared to Visual Perception", *NeuroImage,* 100, pp. 237-243.

Deutsch, David 2013, "Constructor Theory", *Synthese,* 190 (18), pp. 4331-4359.

DeWitt, Bryce S. 1970, "Quantum Mechanics and Reality: Could the Solution to the Dilemma of Indeterminism Be a Universe in Which All Possible Outcomes of an Experiment Actually Occur?", *Physics Today,* 23 (9), pp. 30-40.

Dieks, Dennis 1982, "Communication by EPR Devices", *Physics Letters A,* 92 (6), pp. 271-272.

Eisenbach, Michael, Constantinos Constantinou, Hamutal Aloni, and Meir Shinitzky 1990, "Repellents for Escherichia Coli Operate Neither by Changing Membrane Fluidity Nor by Being Sensed by Periplasmic Receptors during Chemotaxis", *Journal of Bacteriology,* 172 (9), pp. 5218-5224.

Everett, III, Hugh 1957, " 'Relative State' Formulation of Quantum Mechanics", *Reviews of Modern Physics,* 29 (3), pp. 454-462.

Fodor, Jerry A. 2001, *The Mind Doesn't Work That Way: The Scope and Limits of Computational Psychology,* Cambridge, Mass.: MIT Press.

Friston, Karl 2010, "The Free-Energy Principle: A Unified Brain Theory?", *Nature Reviews Neuroscience,* 11, pp. 127-138.

Gallagher, Shaun 2009, "Philosophical Antecedents of Situated Cognition", in *The Cambridge Handbook of Situated Cognition,* edited by Philip Robbins and Murat Aydede, Cambridge: Cambridge University Press, pp. 35-51.

Gibson, James J. 1977, "The Theory of Affordances", in *Perceiving, Acting and Knowing: Toward an Ecological Psychology,* edited by Robert Shaw and John Bransford, Hillsdale, N. J.: Lawrence Erlbaum Associates, pp. 67-82.

Gleason, Andrew M. 1957, "Measures on the Closed Subspaces of a Hilbert Space", *Journal of Mathematics and Mechanics,* 6 (4), pp. 885-893.

Green, Melville S. 1954, "Markoff Random Processes and the Statistical Mechanics of Time-Dependent Phenomena. II: Irreversible Processes in Fluids", *Journal of Chemical Physics,* 22 (3), pp. 398-413.

Heidegger, Martin 1969, "Zeit und Sein", in *Zur Sache des Denkens,* 5. Aufl., Tübingen: Max Niemeyer, S. 1-25.

Hemmick, Douglas L. and Asif M. Shakur 2012, *Bell's Theorem and Quantum Realism: Reassessment in Light of the Schrödinger Paradox,* New York: Springer.

Hertz, Heinrich 1899, *The Principles of Mechanics: Presented in a New Form,* authorized English translation by D. E. Jones and J. T. Walley, London: Macmillan.

Hobson, Art 2013, "Two-Photon Interferometry Illuminates Quantum State Collapse", *Physical Review A,* 88 (2), 022105.

Igamberdiev, Abir 2012, *Physics and Logic of Life,* New York: Nova Science Publishers.

Itti, Laurent and Pierre Baldi 2009, "Bayesian Surprise Attracts Human Attention", *Vision Research,* 49 (10), pp. 1295-1306.

Kim, Jaegwon 1999, "Making Sense of Emergence", *Philosophical Studies: An International Journal for Philosophy in the Analytic Tradition,* 95 (1/2), pp. 3-36.

Knill, David C. and Alexandre Pouget 2004, “The Bayesian Brain: The Role of Uncertainty in Neural Coding and Computation”, *Trends in Neurosciences*, 27 (12), pp. 712-719.

Kolmogorov, Andreĭ N. 1956, *Foundations of the Theory of Probability,* translation edited by Nathan Morrison, 2nd English ed., New York: Chelsea.

Kubo, Ryogo 1957, “Statistical-Mechanical Theory of Irreversible Processes. I: General Theory and Simple Applications to Magnetic and Conduction Problems”, *Journal of the Physical Society of Japan,* 12 (6), pp. 570-586.

Landauer, Rolf 1961, “Irreversibility and Heat Generation in the Computing Process”, *IBM Journal of Research and Development,* 5 (3), pp. 183-191.

Lieb, Elliott H. and Jakob Yngvason 1999, “The Physics and Mathematics of the Second Law of Thermodynamics”, *Physics Reports,* 310, pp. 1-96.

Limanowski, Jakub and Felix Blankenburg 2013, “Minimal Self-Models and the Free Energy Principle”, *Frontiers in Human Neuroscience,* 7, p. 547 (doi: 10.3389/fnhum.2013.00547).

Maguire, Phil, Philippe Moser, Rebecca Maguire, and Virgil Griffith 2014, “Is Consciousness Computable? Quantifying Integrated Information Using Algorithmic Information Theory”, arXiv:1405.0126 [cs.IT].

McTaggart, John M. E. 1908, “The Unreality of Time”, *Mind,* 17, pp. 457-474.

Melott, Adrian L., Bruce S. Lieberman, Claude M. Laird, Larry D. Martin, Mikhail V. Medvedev, Brian C. Thomas, John K. Cannizzo, Neil Gehrels, and Charles H. Jackman 2004, “Did a Gamma-Ray Burst Initiate the Late Ordovician Mass Extinction?”, *International Journal of Astrobiology,* 3 (1), pp. 55-61 (doi: 10.1017/S1473550404001910).

Merleau-Ponty, Maurice 1962, *Phenomenology of Perception,* translated from the French by Colin Smith, London: Routledge & K. Paul.

Mermin, N. David 2013, "QBism as CBism: Solving the Problem of 'the Now' ", arXiv:1312.7825v1 [quant-ph].

—— 2014, "Physics: QBism Puts the Scientist Back into Science", *Nature,* 507, pp. 421-423.

Metzinger, Thomas 2003, "Phenomenal Transparency and Cognitive Self-Reference", *Phenomenology and the Cognitive Sciences,* 2 (4), pp. 353-393 (doi: 10.1023/b:phen. 0000007366.42918.eb).

—— 2005, "Précis: Being No One", *Psyche,* 11 (5), pp. 1-35.

Mischiati, Matteo, Huai-Ti Lin, Paul Herold, Elliot Imler, Robert Olberg, and Anthony Leonardo 2015, "Internal Models Direct Dragonfly Interception Steering", *Nature,* 517, pp. 333-338 (doi: 10.1038/nature14045).

Moseley, G. Lorimer, Nick Olthof, Annemeike Venema, Sanneke Don, Marijke Wijers, Alberto Gallace, and Charles Spence 2008, "Psychologically Induced Cooling of a Specific Body Part Caused by the Illusory Ownership of an Artificial Counterpart", *Proceedings of the National Academy of Sciences of the United States of America,* 105 (35), pp. 13169-13173 (doi: 10.1073/pnas.0803768105).

Nelson, Roger D., Dean Radin, Richard Shoup, and Peter A. Bancel 2002, "Correlations of Continuous Random Data with Major World Events", *Foundations of Physics Letters,* 15 (6), pp. 537-550.

Nelson, Roger D. and Peter A. Bancel 2011, "Effects of Mass Consciousness: Changes in Random Data during Global Events", *Explore,* 7 (6), pp. 373-383.

Noble, Denis 2008, *The Music of Life: Biology Beyond Genes,* Oxford: Oxford University Press.

Ordal, George W. 1976, “Recognition Sites for Chemotactic Repellents of Bacillus Subtilis”, *Journal of Bacteriology*, 126 (1), pp. 72-79.

Orlov, Alexei O., Craig S. Lent, Cameron C. Thorpe, Graham P. Boechler, and Gregory L. Snider 2012, “Experimental Test of Landauer’s Principle at the Sub-$k_B T$ Level”, *Japanese Journal of Applied Physics*, 51 (6S), 06FE10.

Pennebaker, James W. and James A. Skelton 1981, “Selective Monitoring of Bodily Sensations”, *Journal of Personality and Social Psychology*, 41 (2), pp. 213-223.

Piran, Tsvi and Raul Jimenez 2014, “On the Role of GRBs on Life Extinction in the Universe”, arXiv:1409.2506v2 [astro-ph.HE].

Prior, Arthur N. 2012, “The Paradox of the Prisoner in Logical Form”, *Synthese*, 188 (3), pp. 411-416.

Quine, Willard V. O. 1953, “On a So-Called Paradox”, *Mind*, 62 (245), pp. 65-67.

Reading, Anthony 2011, *Meaningful Information: The Bridge between Biology, Brain and Behavior*, New York: Springer.

Rosen, Robert 1991, *Life Itself: A Comprehensive Inquiry into the Nature, Origin, and Fabrication of Life*, New York: Columbia University Press.

Rothman, Daniel H., Gregory P. Fournier, Katherine L. French, Eric J. Alm, Edward A. Boyle, Changqun Cao, and Roger E. Summons 2014, “Methanogenic Burst in the End-Permian Carbon Cycle”, *Proceedings of the National Academy of Sciences of the United States of America*, 111 (15), pp. 5462-5467 (doi: 10.1073/pnas.1318106111).

Sagawa, Takahiro and Masahito Ueda 2009, “Minimal Energy Cost of Thermodynamic Information

Processing: Measurement and Information Erasure", *Physical Review Letters,* 102 (25), 250602.

Schachter, Stanley and Jerome E. Singer 1962, "Cognitive, Social, and Physiological Determinants of Emotional State", *Psychological Review,* 69 (5), pp. 379-399 (doi: 10.1037/h0046234).

Schopf, J. William 2006, "Fossil Evidence of Archaean Life", *Philosophical Transactions of the Royal Society B,* 361 (1470), pp. 869-885.

Seth, Anil K., Keisuke Suzuki, and Hugo D. Critchley 2011, "An Interoceptive Predictive Coding Model of Conscious Presence", *Frontiers in Psychology,* 2, p. 395 (doi: 10.3389/fpsyg.2011.00395).

Skow, Bradford 2009, "Relativity and the Moving Spotlight", *Journal of Philosophy,* 106 (12), pp. 666-678.

Szilard, Leo 1929, "Über die Entropieverminderung in einem thermodynamischen System bei Eingriffen intelligenter Wesen" ("On the Decrease of Entropy in a Thermodynamic System by the Intervention of Intelligent Beings"), *Zeitschrift für Physik,* 53 (11), S. 840-856.

Tegmark, Max 2014, "Consciousness as a State of Matter", arXiv:1401.1219v3 [quant-ph].

Tipler, Frank J. 2014, "Quantum Nonlocality Does Not Exist", *Proceedings of the National Academy of Sciences of the United States of America,* 111 (31), pp. 11281-11286.

Tononi, Giulio 2008, "Consciousness as Integrated Information: A Provisional Manifesto", *Biological Bulletin,* 215 (3), pp. 216-242.

Toyabe, Shoichi, Takahiro Sagawa, Masahito Ueda, Eiro Muneyuki, and Masaki Sano 2010, "Experimental Demonstration of Information-to-Energy Conversion and Validation of the Generalized Jarzynski Equality", *Nature Physics,* 6, pp. 988-992.

Vandenbroucke, Thijs R. A., Poul Emsbo, Axel Munnecke, Nicolas Nuns, Ludovic Duponchel, Kevin Lepot,

Melesio Quijada, Florentin Paris, Thomas Servais, and Wolfgang Kiessling 2015, "Metal-Induced Malformations in Early Palaeozoic Plankton Are Harbingers of Mass Extinction", *Nature Communications*, 6, 7966 (doi: 10.1038/ncomms8966).

von Neumann, John 1966, *Theory of Self-Reproducing Automata*, edited and completed by Arthur W. Burks, Urbana: University of Illinois Press.（J・フォンノイマン『自己増殖オートマトンの理論』高橋秀俊監訳、岩波書店、一九七五年）

Wheeler, John A. 1978, "The 'Past' and the 'Delayed-Choice' Double-Slit Experiment", in *Mathematical Foundations of Quantum Mechanics*, edited by A. R. Marlow, New York: Academic Press, pp. 9-48.

Wigner, Eugene P. 1960, "The Unreasonable Effectiveness of Mathematics in the Natural Sciences", *Communications on Pure and Applied Mathematics*, 13 (1), pp. 1-14.

Wootters, William K. and Wojciech H. Zurek 1982, "A Single Quantum Cannot be Cloned", *Nature*, 299, pp. 802-803.

あとがき

この長くもあり、短くもある書きものを試みた一つの動機は、われわれの言葉を用いて生命や生物と呼ばれる現象にどれほど肉薄できるのか、それを見定めようとしたところにある。そこで関心を向けた対象が、物質がともなう親和性であった。

一方、伝統的な物理学の枠内でも、最近になって、物質由来の新たな親和力・親和性に関心が向けられるようになってきた。それが宇宙に潜んでいるとされる暗黒物質と、それに基づく引力作用である。暗黒物質は通常の物質と同じく引力作用を及ぼしながら、光や電磁波とは相互作用をしないため、われわれに操作できる望遠鏡で直接観測することはできない。しかし、この暗黒物質が単なる空想でないのは、それが現在観測される銀河団から成る宇宙の成り立ちに、まとまりのある一つの説明を与えてくれるからである。かつてなされたある試算によれば、現在観測されるとおりのまとまりのある銀河団の分布を説明するには、光学手段で観測される銀河団の総質量の四〇〇倍にも達する暗黒物質が必要だとされた。その試算自体は今なお大きく修正されつつある。

暗黒エネルギー、暗黒物質の総量の再評価とともに、その成り立ちが新たな検討課題として浮かび上がってきたことは、物理学そのものにおいても、物質由来の親和性に新たに開拓される余地が残されていることを暗示している。

同じような再考の余地が、生命と生物をもたらす親和性にもあてはまる。あくまでも物質由来でありながら、これまで光をあてられることがなかった親和性がそれである。しかも、そこでは宇宙全体の成り立ちまで常に視野の中に入れておく必要はない。その親和性は地球型生命に限定しても、十分に考察に値する対象になる。もちろん、これは地球外生命を否定しているのではない。例えば、木星の衛星エウロパ、土星の衛星エンケラドスのいずれにも大量の水を蓄えた海があり、その海底には、地球の場合がそうであるように、熱水と冷水が頻繁に混じり合う環境が確保されている、という状況証拠もある。

多種多様な化学分子を含む反応液が頻繁に熱水と冷水の間を循環し始めると、熱平衡に達することのない化学反応が持続することになる。その典型例が、物質交換をともなった化学反応回路の出現である。この反応回路の特徴は、回路に取り込まれた原子が再び回路外に放出されるまでの間、少なくとも最初の一巡の間は回路内にとどまる、という点に認められる。回路の外から新しい原子を取り込むとき、それは、かつて取り込まれた原子をそのうちに含む分子との親和性による。現在化された過去が今現在に及ぼす親和性がそれである。ここに異なる時制をまたいで発揮される親和性が現れる。それが履歴をともなう化学親和性の現れと解される。

この履歴をともなう分子に由来する親和性の発現にあっては、少し以前に外から回路に取り込まれた原子が、その履歴を具体的に構成する物質となる。その外へ向けて親和性を発揮する分子中の原子は、常にそれより少し前に回路内からの親和性を受けて外から取り込まれた原子である。現在化される過去とは、今現在における履歴の踏襲・再生を指す。そのため、その履歴の来し方をかぎりなく遡れば、連綿とした仕方で反応回路の起源までたどりつき、それに基づく親和性は起源より今に至るまで途切れることなく持続していたことになる。

ここで言う履歴をともなう化学親和性とは、あくまでも反応回路に則した言い方である。それを現行の経験科学に慣れ親しんだ言い方、隠喩に翻案するなら、DNAやRNAが関わる遺伝情報とその転写、さらにそれのタンパク分子への翻訳と言い換えられる。言うまでもなく、履歴をともなう化学反応回路からDNA、RNA、それにタンパクに至る道筋は、今後、新たに経験的に検証を要する課題である。

現在化される過去から今現在への親和性を担うのはあくまでも物質であり、生命や生物はそれを大いに活用している。

ここに至るまで、編集を担当された互盛央さんから多大な力添えをいただいた。そのことを記し、深甚な謝意を表す。

二〇一六年三月

松野孝一郎